# LETTRES À DIEU

*Les plus belles prières chrétiennes*

Philippe Capelle

# LETTRES À DIEU

*Les plus belles prières chrétiennes*

ÉDITIONS DU SEUIL
27, rue Jacob, Paris VI^e^

Ce livre est édité
par Laurence Devillairs

ISBN : 978-2-02-095339-9

À ma mère
*In memoriam*

*Rien n'est plus beau comme un enfant*
*qui s'endort en faisant sa prière, dit Dieu.*

Charles Péguy

*Toi qui rends persuasive la langue des enfants,*
*verse sur mes lèvres la grâce de Ta bénédiction.*

Thomas d'Aquin

*Tout ce que vous demanderez en priant,*
*croyez que vous l'avez obtenu, et cela vous sera accordé.*

Évangile selon saint Marc 11,24

Prières qui s'élèvent dans le soir ou s'éveillent d'un jeune matin, et le monde se laisse embraser. Agenouillés ou face contre terre, yeux fermés pour voir et mains ouvertes pour étreindre, lèvres balbutiantes ou voix symphoniques, dans le vouvoiement du poème ou la prose familière, sous l'air de flûte ou le souffle des orgues, dans l'odeur de l'encens et la lueur des cierges. Nombreux comme les étoiles, les hommes prient. Femmes et mamans, vieillards et enfants, illettrés et savants, artistes et artisans, mystiques et politiques, sages et prostituées, malades et prisonniers, inventeurs et ouvriers, moines et pèlerins prient. Ils chantent et récitent, crient et murmurent, improvisent et composent, ils s'abandonnent dans la confiance et se recueillent dans la promesse. Feu de gestes et de paroles où s'attise l'attente, où les histoires se forgent un destin, où les lois du monde s'enlacent en une apesanteur insoupçonnée. Phénomènes aînés ! Illusionnistes qui les donnent pour illusoires ! Crime que d'en étouffer la voix.

Car voici l'humanité en ses plus beaux gestes : elle prie comme un corps qui respire, comme on donne ce qu'on reçoit, comme on se lève, s'expose et se relève. Prières à l'instinct de vie. Révérence devant les sublimes d'Hésiode et de Pindare, de Sophocle et d'Euripide, de Platon et de Simplicius, de Virgile et d'Ovide, d'Al-Jîli et de Tao-Hsin : prières du fond des âges. Mais en christianisme, on prie ou tente de prier au nom du seul amour, en vertu d'un appel troublé par l'amour en croix : prières du fond des cœurs, d'entrée. Prier qui s'apprend comme aimer – mais oui ! – s'apprend. On obéit ? Mais au seul maître d'amour. On se soumet ? Mais au seul nom d'amour. On s'abandonne ? Mais dans le seul mystère d'amour. On invoque ? Mais les seules puissances d'amour. Point d'obéissance ni de soumission, ni d'abandon, ni d'invocation, sinon à la vie logée là. Ainsi, des siècles de prières sur le monde, pour sa culture et son art, ses philosophies et ses théologies. Ainsi, des rivières de mots sur fond mêlé de liesses, de détresses et de tendresse, avec leurs flots de révoltes sauvages et leurs reflets d'extase pudique. Ainsi de la piété dans l'ordre amoureux. Ainsi de la biographie d'un monde précédé.

Comme une porte d'accès direct au trésor inestimable des plus belles prières de la tradition chrétienne, comme un hommage rendu à qui le pourvoit encore, comme un présent offert à qui l'excès de malheur a confisqué les mots, et à qui la plénitude les chuchote – ainsi avons-nous conçu le présent ouvrage. Certaines de ces prières nous sont proches, d'autres peu connues, oubliées, voire ignorées, la plupart disséminées au vent des époques et des contrées. Prières personnelles ou liturgiques, de la rue et du Carmel, de saints et de profanes, de bénédictins et de chartreux, franciscaines, dominicaines ou ignatiennes. Auprès d'elles ici réunies, le lecteur ou l'orant ne goûtera pas seulement un patrimoine culturel et littéraire d'exception. Il croisera des vies frôlées par l'absolu, greffées sur la beauté du monde, affolées par le tragique des heures, avouant la supplique des peurs, transportées par la louange, exposées à la révolte et rouges de sang, métamorphosées dans le sacrifice, inondées de paix puis enivrées de bonheur.

Ces prières sont belles, d'une beauté non fortuite, non accidentelle, non occasionnelle. Non pas seulement qu'elles aient « beau style » ! Car leur beauté est intrinsèque, interne, inhérente aux messages qu'elles délivrent : beauté du phrasé qui démaquille les mots, beauté du verbe dressé dans l'élan des profondeurs, beauté du rythme qui accompagne les palpitations du cœur, beauté de ponctuation qui sillonne les rimes du contemplé.

Belles parce que vraies. Non pas simplement qu'elles « sonnent vraies » ! Mais vraies parce qu'elles parlent la langue de notre humanité pionnière, relatent sa condition première, embrassent ses drames et orientent ses corps. Vraies parce qu'elles la visitent en ses abysses, parcourent ses émois et la portent au devant. Vraies parce qu'elles résonnent en elle, filent ses questions puis, dans les nuits de la foi, aux aurores d'espérance et sur les midis brûlants de la charité, prodiguent quelques perles de réponses. Vraies parce qu'elles sonnent l'heure de l'imprévisible, donnent les rendez-vous de l'inattendu, renouent l'alliance avec l'impossible. Vraies comme elles font l'événement des noces éternelles.

Belles parce qu'animées. Non pas moulins à prières pour mines compassées ! Mais paroles de l'âme ardente. Adressées à un « Toi » mystérieusement proche, l'innommable nommé Dieu unique, Père, Fils et Saint-Esprit, le Créateur, le Sauveur et l'Inspirateur, tournées vers la Vierge Marie et les saints, elles font vibrer le « je » dans sa finitude et ses blessures : elles l'ouvrent quand il se repliait, le recueillent quand il se dispersait, le reconstituent quand il se destituait, le dévoilent alors qu'il expliquait, le rendent à lui-même quand il cherchait. Bref, des prières qui transforment, bouleversent, retournent leurs auteurs et leurs auditeurs. Puissances sans puissance : reliées au « nous » sans précédence du *Notre Père*, elles font le génie des fraternités rassemblées, donnent aux rivalités l'issue des concordes improbables, dissipent dans le pardon les violences désolées.

Belles parce que bonnes comme les liturgies des réjouissances. Non point qu'elles envoûtent ou ensorcellent ! Car tournées vers le ciel, elles fécondent la terre. Conçues dans la cellule du moine, elles communient et, cachées dans la foule des anonymes, elles reconnaissent. Spontanées, elles refoulent Narcisse et, ritualisées, dominent les usages. Dans l'austérité, elles goûtent le festin mais lors des noces, comme Marie, s'inquiètent. Offertes à l'invisible, elles dévisagent et dans l'écho du silence, font écouter. Lorsque mains jointes, elles murmurent la fragilité du monde, bras étendus, elles le portent.

Telle est, en christianisme, la prière originaire. Le livre des Actes des apôtres (Ier siècle) en fait mention : « Ils étaient assidus à l'enseignement des apôtres et à la communion fraternelle, à la fraction du pain et aux prières. » Que faisaient-ils ? Ce que commet l'acte de prière chrétienne : ils partageaient en priant, priaient en partageant ; ils faisaient conversation avec Dieu, donc chérissaient l'humain. Mais non, la prière chrétienne n'est point méditation hantée par les progrès de l'*ego* ; elle jaillit dans l'admiration d'une altérité première, d'une alliance mystérieusement établie au plus intime de soi-même. Elle ne converse pas avec un être abstrait ou impassible, non plus avec les éléments statiques de l'univers : l'arbre ou l'astre. Elle est conversation avec Quelqu'un, s'y jette, alors demande, voire supplie, alors remercie, voire exulte dans la louange. Pour le prochain comme soi-même. Tout est dit.

Tout est dit de la prodigieuse chronique des prières chrétiennes dont le principe de cohérence est le Christ en personne et l'énergie qu'il suscite. Tout est dit d'une pratique et d'une poétique qui connaît sa dette à l'égard de la prière juive, qui l'épouse en une secrète alliance avec l'humanité de Dieu. Mots venus de l'hébreu et du grec, de l'arabe et de l'arménien, du russe et du syriaque, d'Asie et de plus loin, de l'anonyme ou de l'écrivain notoire, mots métissés, mais transfigurés par l'Esprit. Destin d'un choix d'élection qui ne connaît de dimension qu'universelle, de frontières que dans les douleurs partagées, de limites qu'auprès de l'enfant perdu ou battu, et de seuils que dans les cœurs repentis.

Naissance et déclin, fiançailles et mort, silence et bruissement, vigilance et résistance, étude et action, enthousiasme et désastre, humour et tristesse, silence et message, éclair ou obscur, chemin ou impasse : dans la prière qui les habite, l'ultime rejoint l'instant, la parousie saisit l'être qui est là, l'horizon fait raison.

Exaucés ? Exhaussés ? Les priants connaissent la réponse : de grâce, qu'elle ne leur soit pas ôtée par quelque rhéteur flamboyant. « Ce que tu as caché aux sages et aux savants, tu l'as révélé aux tout-petits. » Les tout-petits ne fuient pas le temps alors même qu'ils le prient de se faire éternité, ils n'hypothèquent pas l'humain quand ils l'offrent au divin. Non, ils ouvrent une chance, une première comme une ultime chance. Le monde est oraison.

Philippe Capelle

# Avertissement

Les textes ci-après ont été ordonnés selon la chronologie de leur composition. La plupart des traductions des textes d'origine latine, grecque, allemande et anglaise ont été revues.

Un index thématique et un index des noms, placés en fin de volume, facilitent le renvoi aux auteurs et aux différents motifs de prières, comme les réferences des textes et des informations biographiques sur leurs auteurs.

Ph. C.

# Notre Père

Notre Père qui es aux cieux,
Que ton Nom soit sanctifié,
Que ton règne vienne,
Que ta volonté soit faite sur la terre comme au ciel.
Donne-nous aujourd'hui notre pain de ce jour.
Pardonne-nous nos offenses
Comme nous pardonnons aussi à ceux qui nous ont
[offensés
Et ne nous laisse pas succomber à la tentation,
Mais délivre-nous du mal.
Amen.

Ier siècle

## *Magnificat !*
## Cantique de Marie

*Magnificat anima mea Dominum,*
*Et exultavit Spiritus meus, in Deo salutari meo.*

*Quia respexit humilitatem ancillae suae,*
*ecce enim ex hoc beatam omnes generationes.*

*Quia fecit mihi magna qui potens est,*
*et sanctum nomen ejus.*

*Et misericordia eius a progenie in progenies,*
*timentibus eum.*

*Fecit potentiam in brachio suo,*
*dispersit superbos mente cordis sui.*

*Deposuit potentes de sede,*
*et exaltavit humiles.*

*Esurientes implevit bonis,*
*et divites dimisit inanes.*

*Suscepit Israel puerum suum,*
*recordatus misericordiae suae,*

*Sicut locutus est ad patres nostros,*
*Abraham et semini eius in saecula.*

Mon âme exalte le Seigneur,
Exulte mon esprit en Dieu mon Sauveur.

Il a porté son regard sur son humble servante,
désormais toutes les générations me diront bienheureuse.

Le Puissant fit pour moi des merveilles,
Saint est son nom !

Sa miséricorde s'étend d'âge en âge
sur ceux qui le craignent.

Déployant la force de son bras,
il a dispersé les superbes.

Il a renversé les puissants de leurs trônes,
Il a élevé les humbles.

Il a comblé de biens les affamés,
renvoyé les riches les mains vides.

Il a relevé Israël son serviteur,
en souvenir de son amour,

Comme il l'avait dit à nos pères,
en faveur d'Abraham et de sa descendance dans les siècles.

I^er^ siècle

## *Ave Maria*
## Je vous salue, Marie

Je vous salue, Marie, pleine de grâce,
Le Seigneur est avec vous,
Vous êtes bénie entre toutes les femmes,
Et Jésus, le fruit de vos entrailles, est béni.

Sainte Marie, Mère de Dieu,
Priez pour nous, pauvres pécheurs,
Maintenant et à l'heure de notre mort.
Amen.

I^er^ siècle

## Prière de Siméon

Maintenant, ô Maître souverain,
tu peux laisser ton serviteur
s'en aller en paix, selon ta parole.
Car mes yeux ont vu le salut
que tu préparais à la face des peuples :
lumière qui se révèle aux nations
et donne gloire à ton peuple Israël.

Ier siècle

## Sois notre secours et notre soutien

Nous t'en prions, ô Tout-Puissant,
Sois notre secours et notre soutien.
Sauve les opprimés,
Prends en pitié les humbles,
Relève ceux qui sont tombés,
Montre-toi à ceux qui sont dans le besoin,
Guéris les malades,
Ramène ceux qui, de ton peuple, se sont égarés,
Rassasie ceux qui ont faim,
Libère nos prisonniers ;
Redresse les faibles,
Console les pusillanimes ;
Que tous les peuples reconnaissent
« Que seul tu es le seul Dieu »,
que Jésus-Christ est ton fils,
que « nous sommes ton peuple et les brebis de tes [pâturages ».
[...]
Puis, Maître, « fais luire sur nous ton visage »
Pour nous faire bénéficier des biens en paix,
Nous protéger de ta « main puissante »,
Nous libérer de tout péché par « ton bras très fort »,
Nous sauver de ceux qui nous haïssent injustement,

Donne la concorde et la paix,
À nous et à tous les habitants de la terre,
comme tu les as données à nos pères,
Lorsqu'ils te priaient dans la foi et dans la vérité,
et de génération en génération
et dans les siècles des siècles !
Amen.

Clément de Rome († 101)

# *Gloria*
# Gloire à Dieu

*Gloria in excelsis Deo*
*Et in terra pax hominibus bonae voluntatis.*
*Laudamus te.*
*Benedicimus te.*
*Adoramus te.*
*Glorificamus te.*
*Gratias agimus tibi propter magnam gloriam tuam,*
*Domine Deus, Rex caelestis,*
*Deus Pater omnipotens.*
*Domine Fili unigenite, Jesu Christe.*
*Domine Deus, Agnus Dei,*
*Filius Patris.*
*Qui tollis peccata mundi,*
*Miserere nobis.*
*Qui tollis peccata mundi,*
*Suscipe deprecationem nostram.*
*Qui sedes ad dexteram Patris,*
*Miserere nobis.*
*Quoniam tu solus Sanctus.*
*Tu solus Dominus,*
*Tu solus Altissimus, Jesu Christe,*
*Cum Sancto Spiritu in gloria Dei Patris.*
*Amen.*

Gloire à Dieu au plus haut des cieux
Et paix sur la terre aux hommes de bonne volonté
Nous Te louons,
Nous Te bénissons,
Nous T'adorons,
Nous Te glorifions,
Nous Te rendons grâce pour ton immense gloire,
Seigneur Dieu, Roi du ciel,
Dieu, le Père tout-puissant.
Seigneur, Fils unique, Jésus Christ,
Seigneur Dieu, Agneau de Dieu,
Fils du Père.
Toi qui enlèves le péché du monde,
prends pitié de nous.
Toi qui enlèves le péché du monde,
reçois notre prière.
Toi qui es assis à la droite du Père,
prends pitié de nous.
Car Toi seul es saint,
Toi seul es Seigneur,
Toi seul es le Très-Haut, Jésus Christ,
avec le Saint-Esprit dans la gloire de Dieu le Père.
Amen.

IIe siècle

## *Sanctus*

*Sanctus, Sanctus, Sanctus Dominus Deus Sabaoth.*
*Pleni sunt caeli et terra gloria tua.*
*Hosanna in excelsis.*
*Benedictus qui venit in nomine Domini.*
*Hosanna in excelsis !*

Saint, Saint, Saint le Seigneur Dieu de l'univers.
Le ciel et la terre sont remplis de ta gloire.
Hosanna au plus haut des cieux.
Béni soit celui qui vient au Nom du Seigneur.
Hosanna au plus haut des cieux !

IIe siècle

## Toi, notre Pédagogue

Sois propice, ô divin Pédagogue, à tes petits enfants, ô Père, guide d'Israël, Père et Fils tout à la fois, Seigneur. Donne-nous qu'en suivant tes préceptes, nous atteignions la ressemblance de l'Image, et que, selon nos forces, nous éprouvions la bonté de Dieu, le Juge sans dureté.
Accorde-nous de vivre tous dans ta paix, d'être transportés dans ta cité, de traverser sans sombrer les eaux du péché, d'être emportés paisiblement par le Saint-Esprit, ta Sagesse indicible !
Donne-nous de te chanter, nuit et jour et jusqu'au dernier jour, un cantique d'action de grâces. Reçois notre louange, ô seul Père et Fils, ô Fils et Père, Fils, notre Pédagogue et Maître, avec le Saint-Esprit.
Tout est à l'Unique, en qui tout est, par qui tout est un, par qui est l'éternité, dont nous sommes tous membres ; à lui la gloire dans les siècles !
Tout est au Dieu bon, tout au Dieu beau, tout au Dieu sage, tout au Dieu juste.
À lui la gloire et maintenant et dans les siècles des siècles ! Amen.

Clément d'Alexandrie (v. 150-v. 215)

## Les fruits que tu nous as donnés

Nous te rendons grâce, ô Dieu,
Et nous t'offrons les prémices des fruits
Que tu nous as donnés pour notre jouissance.
Tu les as produits par ta parole,
En commandant à la terre
De porter toutes sortes de fruits
Pour la joie et la nourriture
des hommes et de tous les animaux.
Sois loué, ô Seigneur,
Pour tous les dons et les bienfaits que tu nous as accordés,
En dotant pour nous l'entière création de fruits variés,
Par l'entremise de ton Fils, Jésus le Christ, notre Seigneur.
Par son entremise,
Tu es glorieux dans les siècles des siècles.
Amen !

Hippolyte de Rome (170-235)

## Que Jésus règne

Prions que Jésus règne sur nous
Que notre terre soit libérée de la guerre
Que nous soyons délivrés des assauts de nos convoitises
[charnelles
Et qu'alors chacun puisse se repose à l'ombre de la vigne,
De son figuier, de son olivier,
À l'abri du Père, du Fils et du Saint-Esprit,
Repose l'âme qui a trouvé la paix de la chair et de l'esprit.
À Dieu, la gloire dans les siècles des siècles.

Origène (v. 185-v. 254)

## *Sub tuum*
## Sous l'abri de ta miséricorde

*Sub tuum praesidium*
*confugimus,*
*Sancta Dei Genetrix.*
*Nostras deprecationes ne despicias*
*In necessitatibus nostris,*
*Sed a periculis cunctis*
*Libera nos semper,*
*Virgo gloriosa et benedicta.*

Sous l'abri de ta miséricorde
Nous nous réfugions
Sainte Mère de Dieu.
Ne méprise pas nos prières
Quand nous sommes dans l'épreuve,
Mais de tous les dangers
Délivre-nous toujours
Vierge glorieuse, Vierge bienheureuse.

IIIe siècle

## Vouloir ce que tu veux

Accorde-nous, Seigneur, d'imiter la règle de vie céleste : vouloir ce que tu veux.
Viens donc en aide à notre volonté chancelante. Elle a le désir d'accomplir ce que tu ordonnes, mais la faiblesse du corps l'entrave.

Tends la main à ceux qui voudraient courir, mais qui ne font que boiter.

Notre âme a des ailes, mais la chair l'alourdit. Elle est prompte à tendre vers les réalités du ciel, mais elle est inclinée vers les réalités de la terre.

Que ton secours nous vienne en aide, ce qui paraissait impossible deviendra alors possible. Amen.

Attribué à Jean Chrysostome (v. 350-407)

## Ô Bienheureux, aie pitié de moi

Ô Bienheureux, aie pitié de moi !
Ô Père, aie pitié de moi,
si j'ose toucher,
sans la convenance
et l'honneur requis,
à ce qui t'appartient !
Quel œil assez ferme,
quel œil assez perçant,
en étant frappé
par tes fulgurances,
ne serait point ébloui ?
Contempler d'un œil fixe
tes feux rutilants,
n'est pas permis,
même aux Immortels.
Mais l'intelligence,
tombant de la hauteur
des lieux où tu contemples,
accueille avec joie
tout ce qui t'environne,
s'efforce de saisir
ce qui est insaisissable,
et de contempler
l'éclat qui resplendit

sur l'abîme insondable ;
puis, descendant de ces
inaccessibles sommets,
elle fixe avec force,
sur la première forme
qui se manifesta,
la vigueur de son œil.
S'emparant alors,
pour te chanter des hymnes,
de cette fleur de lumière,
elle cesse de la jeter
à des vents imprécis,
mais te restitue
tout ce qui t'appartient.
Et quoi donc, ô Roi,
ne t'appartient pas ?
De tous les pères
tu es le père,
ô toi ton propre Père,
père antérieur au Père,
qui n'as pas eu de père,
étant fils de toi-même ;
toi, unité existant
avant l'unité même,
semence des êtres,
centre de tout,
intelligence originellement
dépourvue de substance,
racine des mondes,

rayonnante lumière
des origines premières,
exacte et sage vérité,
source de sagesse,
intelligence voilée
par ses propres éclats,
œil de toi-même,
seigneur de la foudre,
générateur de l'éternité,
et vie éternelle,
de l'éternité !
créateur de la vie
et nourricier des âmes,
tu es la source des sources,
le principe des principes,
la racine des racines,
la monade des monades,
le nombre des nombres,
la monade et le nombre !

Tu es l'intelligence,
l'intelligent et l'intelligible,
et l'antérieur
à l'intelligible.
Tu es un, tu es tout :
un en toutes choses,
un avant toutes choses.
Tel est ce que dit et redit,
en évoluant tout autour

de ta profondeur indicible,
tout esprit initié.

Synésius de Cyrène (373-414)

# *Te Deum*
# À Toi Dieu

*Te Deum laudamus : te Dominum confitemur.*
*Te aeternum Patrem omnis terra veneratur.*
*Tibi omnes Angeli, tibi Cæli, et universæ Potestates :*
*Tibi Cherubim et Seraphim incessabili voce proclamant :*
*Sanctus, Sanctus, Sanctus Dominus Deus Sabaoth.*
*Pleni sunt caeli et terra majestatis gloriæ tuæ.*
*Te gloriosus Apostolorum chorus,*
*Te Prophetarum laudabilis numerus,*
*Te Martyrum candidatus laudat exercitus.*
*Te per orbem terrarum sancta confitetur Ecclesia,*
*Patrem immensæ majestatis ;*
*Venerandum tuum verum et unicum Filium ;*
*Sanctum quoque Paraclitum Spiritum.*
*Tu Rex gloriæ, Christe.*
*Tu Patris sempiternus es Filius.*
*Tu, ad liberandum suscepturus hominem, non horruisti*
*[Virginis uterum*
*Tu, devicto mortis aculeo, aperuisti credentibus regna cælorum.*
*Tu ad dexteram Dei sedes, in gloria Patris.*
*Judex crederis esse venturus.*
*Te ergo quæ sumus, tuis famulis subveni, quos pretioso sanguine*
*[redemisti.*
*Æterna fac cum Sanctis tuis in gloria numerari.*
*Salvum fac populum tuum, Domine, et benedic hereditati tuæ.*
*Et rege eos, et extolle illos usque in æternum.*

*Per singulos dies benedicimus te ;*
*Et laudamus nomen tuum in sæculum et in sæculum sæculi.*
*Dignare, Domine, die isto sine peccato nos custodire.*
*Miserere nostri, Domine, miserere nostri.*
*Fiat misericordia tua, Domine, super nos, quemadmodum speravimus in te.*
*In te, Domine, speravi : non confundar in æternum.*

Nous Te louons, ô Dieu ! Nous Te bénissons, Seigneur.
Toute la terre T'adore, ô Père éternel !
Tous les Anges, les Cieux et toutes les Puissances.
Les Chérubins et les Séraphins s'écrient sans cesse devant [Toi :
Saint, Saint, Saint est le Seigneur, le Dieu des armées.
Les cieux et la terre sont pleins de Ta majesté, de Ta gloire.
L'illustre chœur des Apôtres,
La vénérable multitude des Prophètes,
L'éclatante armée des martyrs célèbrent Tes louanges.
L'Église sainte T'annonce et Te reconnaît dans toute [l'étendue de l'univers,
Ô Père dont la majesté est infinie !
Elle adore Ton Fils unique et véritable ;
Et le Saint-Esprit consolateur.
Ô Christ ! Tu es le Roi de gloire.
Tu es le Fils éternel du Père.
Pour sauver les hommes et revêtir notre nature, Tu n'as pas dédaigné le sein d'une Vierge.
Tu as brisé l'aiguillon de la mort, Tu as ouvert aux fidèles [le royaume des cieux.
Tu es assis à la droite de Dieu dans la gloire du Père.
Nous croyons que Tu viendras juger le monde.

Nous Te supplions donc de secourir tes serviteurs, rachetés
[de Ton sang précieux.
Compte-nous au nombre de Tes Saints, pour jouir avec
[eux de la gloire éternelle.
Sauve Ton peuple, Seigneur, et bénis Ton héritage.
Conduis Tes enfants et élève-les jusque dans l'éternité.
Chaque jour, nous Te bénissons ;
Nous louons Ton nom à jamais, et nous le louerons dans
[les siècles des siècles.
Daigne, Seigneur, en ce jour, nous préserver du péché.
Aie pitié de nous, Seigneur, aie pitié de nous.
Fais que Ta miséricorde, Seigneur, soit sur nous, selon
l'espérance que nous avons mise en Toi.
En Toi, Seigneur, j'ai espéré ; je ne serai pas confondu à
[jamais.

Début de composition au IIIe siècle

## J'étais malheureux et sans but

J'étais malheureux et sans but, et je cherchais un sens à ma propre vie. Et ta miséricorde s'est étendue sur moi. Et tu fus bon, Seigneur Dieu tout-puissant, tu m'as donné la vie et aussi une intelligence rationnelle. Tu m'as instruit par Moïse et tes prophètes : ils m'ont appris que tu n'étais pas un Dieu solitaire. Je sais maintenant qu'avec toi existe un autre Dieu, qui ne diffère pas de toi par nature, mais qui est Un avec toi dans le mystère de ta substance. Cet enseignement, je l'ai reçu par la voix des évangélistes et des apôtres. Telle est la foi que je conserve si fidèlement dans mon âme que je ne puis ni ne veux croire autrement.

Si je suis dans l'erreur, pourquoi donc m'aurais-tu trompé Seigneur ? Mais non ! Ils ne peuvent avoir tort ces prophètes unanimes à annoncer ta venue, ni les évangélistes : Matthieu, ce publicain que tu as choisi pour en faire ton apôtre ; ni Jean, que sa familiarité avec le Christ a rendu digne de connaître la révélation des mystères sacrés ; ni Simon qui, ayant confessé la foi, fut choisi comme fondement de ton Église et qui reçut les clés de ton Royaume ; ni tous les autres, poussés par l'Esprit à prêcher l'Évangile ; ni Paul enfin, vase d'élection, persécuteur devenu apôtre, vivant jusqu'au fond de la mer avant même de souffrir le martyre et qui offrit dans sa mort, l'accomplissement d'une foi parfaite.

Hilaire de Poitiers (315-v. 367)

## Accorde-nous de dire
### ce que nous croyons

Je le sais bien, ô Dieu, Père tout-puissant : le devoir principal de ma vie, c'est de m'offrir à toi pour que tout en moi, paroles et pensées, parlent de Toi. Oui, la plus grande récompense que puisse m'apporter l'usage de la parole dont tu m'as gratifié, c'est de l'employer à te servir et de montrer au monde qui l'ignore, à l'hérétique qui le nie, ce que Tu es, Toi, le Père du Fils unique de Dieu. Oui vraiment, c'est là, je le déclare, mon seul désir !

Toutefois j'ai grand besoin d'implorer dans la prière le secours de ta bonté afin que le souffle de Ton Esprit gonfle les voiles de ma foi et que Tu me pousses à prêcher partout Ton saint Nom. Car Tu n'as pas fait en vain cette promesse : « Demandez et l'on vous donnera ; frappez et l'on vous ouvrira. »

Conscient de notre pauvreté, nous te demandons ce qui nous manque.

Dans l'étude de Tes prophètes et de Tes Apôtres, nous montrerons un zèle tenace. Nous frapperons à toutes les portes pour qu'elles s'ouvrent et qu'y pénètre l'intelligence de Ta doctrine. Mais c'est à Toi d'exaucer notre prière. C'est à Toi de faire aboutir notre recherche. C'est à Toi d'ouvrir la porte où nous frappons ! Car, de nature, tu nous vois engourdis par je ne sais quelle paresse de l'esprit qui nous empêche de comprendre tes mystères. Heureusement, l'étude de Ton enseignement nous donne à prendre conscience de la divine vérité et l'obéissance de la foi conduit au-delà des pensées du commun des hommes.

Telle est donc notre attente : que Tu encourages les débuts de cette redoutable entreprise, que tu affermisses nos progrès dans la Foi ; que Tu nous appelles à partager l'esprit des prophètes et des apôtres, afin que nous ne donnions pas à leurs paroles un sens différent de ce qu'ils avaient en vue, et nous garderons l'acception exacte des termes qu'ils ont employés pour signifier les mêmes choses. Nous confirmerons, en effet, ce qu'ils ont proclamé dans leur enseignement sacré : Toi, le Dieu éternel, Tu es le Père du Dieu éternel, le Fils Unique. Toi, Tu es le seul à ne pas être né, et le Seigneur Jésus-Christ est le seul à être né de Toi par une naissance éternelle, sans pourtant être différent de toi au point de suggérer la réalité de deux dieux. Oui, il nous faut proclamer qu'Il est engendré de Toi qui es le Dieu unique ; nous devons le déclarer : Il n'est pas autre que le vrai Dieu, né de Toi, vrai Dieu et vrai Père.

Donne-nous, Dieu Tout-puissant, le vrai sens des mots, la lumière de l'intelligence et établis notre foi dans la vérité ; accorde-nous de dire ce que nous croyons, et qu'instruit par les prophètes et les apôtres, nous te proclamions, Dieu, Père d'un seul Seigneur Jésus-Christ. Donne-nous de Te célébrer, à l'encontre des négations hérétiques, donne-nous de te révérer, Toi Dieu unique mais non solitaire ; donne-nous de le proclamer, Lui, Dieu, véritable et non faux dieu.

Hilaire de Poitiers

## Seigneur et maître de ma vie

Seigneur et Maître de ma vie,
éloigne de moi
l'esprit d'oisiveté, de découragement,
de domination et de paroles vaines.

Donne à ton serviteur
l'esprit d'intégrité, d'humilité,
de patience et de charité.

Oui, Seigneur et Roi,
donne-moi de voir mes fautes
et de ne pas juger mon frère.
Car Tu es béni
Pour les siècles des siècles.
Amen.

Éphrem de Nisibe (v. 306-373)

## Ma vie décline de jour en jour

Seigneur Jésus Christ, Rois des rois,
qui as puissance sur la vie et sur la mort ;
Tu connais ce qui est secret et caché,
ni nos pensée ni nos sentiments ne sont voilés pour Toi.
Guéris mes conduites, j'ai fait le mal devant Toi.

Voici que ma vie décline de jour en jour,
et mes péchés ne font que croître.
Ô Seigneur, Dieu des esprits et des corps,
Tu connais l'extrême fragilité
de mon âme et de ma chair.
Accorde-moi, Seigneur, la force dans ma faiblesse
et soutiens-moi dans ma misère.

Seigneur, ne dédaigne pas ma prière de pauvre,
conserve-moi Ta grâce jusqu'à la fin ;
qu'elle me garde comme par le passé.
C'est elle qui m'a enseigné la sagesse :
bienheureux ceux qui empruntent ses chemins,
car ils recevront la couronne de gloire.

Éphrem de Nisibe

## Prière du matin

Voici l'aurore,
voici mes mains,
ô mon Dieu
je Te les donne.

Les œuvres des ténèbres,
ne pas les faire miennes,
ne pas y consentir.

Mon désir,
te consacrer cette journée sans réserve,
rester inébranlable,
et maître de mes passions.

Je rougis, à mon âge,
D'être encore mauvais
Et de partager cependant la table mystique.

Telle est ma volonté,
ô mon Christ,
Conduis-la au terme.

Grégoire de Nazianze (v. 329-390)

# Toi, l'au-delà de tout

Ô Toi, l'au-delà de tout,
Comment t'appeler d'un autre nom ?
Quel hymne peut te chanter ?
Aucun mot ne t'exprime.
Quel esprit te saisir ?
Nulle intelligence ne te conçoit.
Seul, tu es ineffable ;
Tout ce qui se dit est sorti de toi.
Seul, tu es inconnaissable ;
Tout ce qui se pense est sorti de toi.
Tous les êtres te célèbrent,
Ceux qui parlent et ceux qui sont muets.
Tous les êtres te rendent hommage,
Ceux qui pensent comme ceux qui ne pensent pas.
L'universel désir, le gémissement de tous
Aspire vers toi
Tout ce qui existe te prie
Et vers toi tout être qui sait lire ton univers
Fait monter un hymne de silence.
Tout ce qui demeure, demeure en toi seul.
Le mouvement de l'univers déferle en toi.
De tous les êtres tu es la fin,
Tu es unique.
Tu es chacun et tu n'es aucun.
Tu n'es pas un être seul, tu n'es pas l'ensemble :

Tu as tous les noms,
Comment t'appellerai-je ?
Toi le seul qu'on ne peut nommer ;
Quel esprit céleste pourra pénétrer les nuées
Qui voilent le ciel lui-même ?
Aie pitié, ô Toi, l'au-delà de tout ;
Comment t'appeler d'un autre nom ?

Grégoire de Nazianze

## Cherche-moi, car, moi, je te cherche...

Cherche-moi, car, moi, je te recherche. Cherche-moi, trouve-moi, prends-moi, porte-moi, Tu es capable de trouver celui que tu cherches. Daigne recueillir dans tes bras celui que tu auras trouvé. Place sur tes épaules celui que tu auras recueilli. Pour toi, ce tendre fardeau ne te sera pas une fatigue ; ce que portera ta justice ne te sera pas à charge. Viens donc, Seigneur, car, bien que je me sois égaré, « *je n'ai pas oublié tes préceptes* ». Je garde l'espoir d'être guéri. Viens, Seigneur, car toi seul es capable de rattraper ta brebis égarée. Celles que tu laisseras ne s'en attristeront pas, car elles-mêmes se réjouiront du retour du pécheur. Viens donc, opère le salut sur la terre, la joie dans le ciel. Viens donc, cherche ta brebis, non par l'intermédiaire de tes petits serviteurs ou de tes mercenaires, mais viens toi-même, reçois-moi dans cette chair qui, en Adam, est tombée ; reçois-moi, non de Sara, mais de Marie, de sorte qu'elle soit la Vierge incorruptible, indemne, par ta grâce, de toute souillure du péché. Porte-moi sur ta croix qui est le salut des brebis errantes, en qui seule se trouve le repos des fatigués, en qui seule vivent ceux qui sont morts. Car il ne peut mourir celui que ta puissance porte sur ses épaules.

Ambroise de Milan (340-397)

## Hymne avant le sommeil

Le travail du jour est fini
Et l'heure du repos revient.
À son tour le sommeil charmeur
Détend les membres fatigués.

L'esprit bouillonnant de tempêtes,
L'esprit blessé par les soucis,
Boit jusqu'au plus profond de l'être
La douce coupe de l'oubli.

Alors dans le corps se glisse
La force du Léthé, qui chasse
Tout sentiment de la douleur
Du cœur des hommes malheureux.

Nos membres fragiles reçurent
Cette loi de l'ordre de Dieu,
Qu'une volupté salutaire
Portât remède à leur fatigue.

Mais pendant qu'un repos ami
Erre à travers toutes les veines
Et apaise le cœur qui chôme,
En la baignant de doux sommeil,

L'esprit librement vagabonde,
Rapide et vif, parmi les airs,
Et diverses apparitions
Lui montrent des choses cachées.

Car, libérée de soucis, l'âme,
Qui a le ciel pour origine
Dont la source pure est l'éther,
Ne peut rester couchée, inerte.

Elle forge, imitant le vrai,
Des images de toute sorte,
Elle s'y meut rapidement,
Ce qui la fait agir un peu.
[…]

Prends soin, à l'appel du sommeil
Lorsque tu gagnes ton chaste lit
De faire le signe de la croix
Sur ton front comme sur ton cœur

La croix repousse toute faute,
Et met en fuite les ténèbres ;
L'esprit que consacre un tel signe
Ne saurait pas être agité.

Bien que notre corps, fatigué,
Gise doucement incliné,

Néanmoins dans le sommeil même,
Nous penserons, Ô Christ, à toi.

Prudence (348-v. 405/410)

# Marie, Mère de Dieu

Je te salue, Marie, Mère de Dieu,
trésor vénéré de tout l'univers,
lumière qui ne s'éteint pas,
toi de qui est né le Soleil de la Justice,
sceptre de la vérité, temple indestructible.

Je te salue, Marie,
demeure de Celui qu'aucun lieu ne contient,
toi qui as fait pousser un épi
qui ne se flétrira jamais.

Par toi, est béni, dans l'Évangile,
celui qui vient au nom du Seigneur.
Par toi, la Trinité est glorifiée,
par toi, la croix est adorée dans l'univers entier.
Par toi, exultent les cieux,
par toi, l'humanité déchue a été relevée.
Par toi, le monde entier a enfin connu la Vérité.
Par toi, sur toute la terre, se sont fondées des églises.
Par toi, le Fils unique de Dieu
a fait resplendir sa lumière
sur ceux qui étaient dans les ténèbres,
assis à l'ombre de la mort.
Par toi, les apôtres ont pu annoncer
le salut aux nations.

Comment chanter dignement ta louange,
ô Mère de Dieu,
par qui la terre entière tressaille d'allégresse ?

Cyrille d'Alexandrie (v. 376-444)

## Fais, ô Père, que je t'aime !

Ô Dieu
Je n'aime que Toi seul.
Je ne cherche que Toi seul.
Je ne veux servir que Toi seul.
Toi seul dois être mon Maître.
Chasse de moi la vanité, afin que je puisse Te reconnaître.
Dis-moi où regarder pour Te voir.
J'espère accomplir tout ce que Tu attends.
Fais, ô Père, que je Te cherche, préserve-moi de l'erreur.
Que dans ma recherche, rien d'autre que Toi ne se présente
[à moi.
S'il est vrai que je ne désire rien d'autre que Toi,
Fais, ô Père, que je Te trouve.
Et s'il y avait encore en moi quelque désir superflu,
Veuille m'en dévêtir Toi-même et rends-moi capable de
[Te voir.

Augustin d'Hippone (354-430)

## J'ai voulu avoir l'intelligence de ce que je crois

J'ai voulu avoir l'intelligence de ce que je crois
Seigneur autant que j'ai pu ;
Autant que tu m'en as donné la force
Je t'ai cherché
Et j'ai voulu avoir l'intelligence de ce que je crois
Et j'ai beaucoup discuté
Et j'ai peiné.

Seigneur, mon Dieu
Mon unique espérance
Exauce-moi
Ne permets pas que je me lasse de te chercher
Mais mets-moi au cœur
Un désir plus ardent de te chercher.

Me voici devant Toi avec ma force et ma faiblesse
Soutiens l'une, guéris l'autre.
Devant Toi est ma science et mon ignorance,
Là où tu m'as fermé, ouvre à celui qui frappe.
Que je me souvienne de Toi.
Que je te comprenne.
Que je t'aime.

Augustin d'Hippone

## Tard, je t'ai aimée

Tard je t'ai aimée, beauté si ancienne et si nouvelle,
Tard, je t'ai aimée.
Mais Toi, tu étais au-dedans de moi-même
Et j'étais, moi, en dehors de moi-même.
Et c'était en dehors que je te cherchais.
Je me ruais, dans ma laideur,
Sur la grâce de tes créatures.
Tu étais avec moi et je n'étais pas avec toi,
Ce qui me retenait loin de toi,
C'étaient ces choses qui ne seraient pas
Si elles n'étaient en toi
Tu m'as appelé, tu as crié
Et tu es venue à bout de ma surdité.
Tu as répandu ton parfum, je l'ai respiré
Et voici qu'après toi je soupire.
Je t'ai goûtée et j'ai faim de toi, soif de toi
Tu m'as touché,
Et je brûle de désir
Pour la paix que tu donnes.
Une fois soudé à toi de tout mon être,
Il n'y aura plus pour moi douleur et labeur,
Ma vie sera pleine de toi.

Augustin d'Hippone

## Prière pour demander le repos

Seigneur Dieu, donne-nous la paix. Ne nous as-Tu pas tout donné ?
La paix du repos, la paix du sabbat, la paix sans crépuscule.
Tout cet ordre très beau, de ce qui est très bon,
Tout cela passera, ses limites seront atteintes :
En eux ont été faits un matin et un soir.
Or le septième jour ne connaît pas de soir ni de couchant :
Tu l'as sanctifié pour qu'il demeure éternellement
Au terme de Tes œuvres, très bonnes, pourtant accomplies dans le repos,
Tu t'es reposé le septième jour.
La voix de ton livre annonce ainsi qu'au terme de nos œuvres, qui sont aussi très bonnes,
Puisque c'est Toi qui nous en fais le don, nous aussi, au sabbat de la vie éternelle,
Nous nous reposerons en Toi.
Alors, tu Te reposeras en nous, comme aujourd'hui Tu œuvres en nous :
Ainsi, à travers nous, ce repos sera Tien,
Tout comme tes œuvres, à travers nous, sont tiennes.
Mais Toi, Seigneur, c'est en permanence que Tu œuvres et te reposes
Tu n'as ni vision pour un temps, ni repos pour un temps

Et cependant tu fais et les visions du temps et ce que sont les temps,
Et ce qu'est le repos tout à la fin des temps.
Et pour nous, les choses que Tu as faites, nous les voyons, parce qu'elles sont.
Mais pour Toi, elles ne sont que parce que Tu les vois.
Et pour nous, nous voyons par les yeux, qu'elles sont ;
Et, par le cœur, qu'elles sont bonnes.
Mais pour toi, Tu les as faites, là même où tu les voyais à faire.
Et pour nous, en un temps, nous avons été mus à faire le bien,
Après que notre cœur l'eut conçu de ton Esprit,
Tandis qu'avant ce temps c'est à mal faire que nous étions portés,
Quant nous t'abandonnions.
Mais Toi, Dieu unique et bon,
Jamais, tu n'as cessé de faire le bien.
Quelques-unes de nos œuvres sont bonnes – par un don de ta grâce, il est vrai –
Mais non pas éternelles.
À leur achèvement, nous espérons trouver le repos en ta sainteté infinie.
Mais Toi, Bien qui n'a besoin d'aucun bien, Tu es toujours dans le repos
Parce que ton repos, c'est Toi-même.
Et comprendre cela, qui l'accordera ?
Quel homme à l'homme ? Quel ange à l'ange ? Quel ange à l'homme ?

Qu'on te demande à Toi ! Que l'on recherche en Toi !
Que l'on frappe à Ta porte !
Oui, oui, l'on recevra ; oui, l'on découvrira ; oui, l'on ouvrira.

Augustin d'Hippone

## Mais pourquoi cacher ton visage ?

Pourquoi, plaisir de tout mon être, détournes-tu ton visage qui m'enchante ? Où se cache la beauté dont je suis avide ? Je respire ton parfum, je vis et le plaisir m'assaille ; mais je ne te vois point. J'entends ta voix, et je revis. Mais pourquoi cacher ton visage ? Tu dis peut-être : L'homme ne me verra pas et vivra. *Eïa* ! Seigneur, fais que je meure, pour te voir. Que je voie, une fois mort au monde. Je ne veux plus vivre, je veux mourir : ma seule convoitise est de m'altérer et d'être avec le Christ. Je désire mourir, pour voir le Christ. Ô Seigneur Jésus, reçois mon dernier souffle : ma vie, reçois mon âme. Ma joie, arrache mon cœur ; ma douce nourriture, je te dévorerai. Ma tête, conduis-moi. Lumière de mes yeux, éclaire-moi, Harmonie, règne en moi. Unique raison de ma gloire, exalte l'âme de ton serviteur. Entre en elle, ma joie, pour qu'elle se réjouisse. Entre en elle, douceur suprême, pour qu'elle te goûte. Lumière éternelle, brille sur elle, pour qu'elle te comprenne, pour qu'elle te connaisse et pour qu'elle t'aime.

Augustin d'Hippone

## Je suis la cithare

Il est beau de chanter le Seigneur,
et c'est le plus grand bien qui nous soit donné
que de chanter ton nom, ô Très-Haut ;
tu nous as jugés dignes de célébrer ta bonté.
Tu as créé l'univers, Seigneur, par une simple parole,
mais l'homme est l'œuvre de tes propres mains.
De cela je me glorifie :
je suis la cithare, doué de parole et de raison,
pour chanter la louange et la reconnaissance
de l'univers créé par ta bonté.
Grandes sont tes œuvres, Seigneur,
plus grand moi qui les découvre ;
aussi je veux avec tous mes sens te chanter
et célébrer ta majesté.
Tu me combles de joie par tes œuvres, Seigneur,
je chante avec allégresse ce que tes mains ont fait.

Isaac d'Antioche († 460)

# Hymne acathiste

L'ange prince fut envoyé du ciel
Pour dire à la mère de Dieu : réjouis-toi !
Et frappé de stupeur en te voyant, Seigneur, prendre
corps à cette parole incorporelle, il se tenait devant elle en
[clamant ainsi :

Réjouis-toi, Rayonnement de joie,
Réjouis-toi, épouse inépousée
Réjouis-toi, par qui va s'éteindre la malédiction,
Réjouis-toi, Résurrection d'Adam déchu,
Réjouis-toi, Tarissement des larmes d'Ève,
Réjouis-toi, Sommet inaccessible à humaine raison,
Réjouis-toi, Abîme impénétrable même aux yeux des anges,
Réjouis-toi, car tu es le Trône du Roi,
Réjouis-toi, car tu portes Celui qui porte tout,
Réjouis-toi, étoile annonciatrice du Soleil,
Réjouis-toi, sein où Dieu s'est fait chair,
Réjouis-toi, Rénovatrice de toute créature,
Réjouis-toi, en qui le Créateur est adoré,
Réjouis-toi, épouse inépousée.

Chantant ton enfantement, nous te louons,
Mère de Dieu, comme un temple vivant.
car le Seigneur, qui tient tout dans sa main,
Habitant dans ton sein, t'a sanctifiée, glorifiée,
Et nous enseigne à chanter tous :

Réjouis-toi, Tabernacle de Dieu et du Verbe,
Réjouis-toi, épouse inépousée
Réjouis-toi, véritable Saint des Saints,
Réjouis-toi, arche couverte d'or par l'Esprit,
Réjouis-toi, trésor inépuisable de vie
Réjouis-toi, précieux diadème de rois vertueux,
Réjouis-toi, glorieuse louange des prêtres pieux
Réjouis-toi, colonne inébranlable de l'Église
Réjouis-toi, mur imprenable du Royaume
Réjouis-toi, par qui vient la victoire
Réjouis-toi, par qui nos ennemis sont renversés
Réjouis-toi, protection de mon âme,
Réjouis-toi, guérison de mon corps
Réjouis-toi, épouse inépousée.

Attribué à saint Germain (v. 635-733)

## *Ave, maris Stella*
## Salut, Étoile de la mer

*Ave, maris Stella*
*Dei Mater alma,*
*Atque semper Virgo*
*Felix caeli porta !*
*Sumens illud Ave*
*Gabrielis ore,*
*Funda nos in pace,*
*Mutans Hevae nomen !*
*Solve vincla reis*
*Profer lumen caecis,*
*Mala nostra pelle,*
*Bona cuncta posce !*
*Monstra te esse matrem,*
*Sumat per te preces,*
*Qui pro nobis natus*
*Tulit esse tuus*
*Virgo singularis !*
*Inter omnes mais,*
*Nos, culpis solutos,*
*Mites fac et castos !*
*Vitam praesta puram,*
*Iter para tutum,*
*Ut videntes Jesum*

*Semper collaetemur !*
*Sit laus Deo Patri,*
*Sutnmo Christo decus,*
*Spiritui Sancto,*
*Tribus honor unus*
*Amen.*

Je te salue, Étoile de la mer,
Sainte Mère de Dieu,
Toi, toujours vierge,
Bienheureuse porte du ciel !
En recevant cet *Ave*
De la bouche de Gabriel
Établis-nous dans la paix.
Puisque tu as changé le nom d'Ève !
Enlève leurs liens aux prisonniers,
Rends la lumière aux aveugles,
Délivre-nous de nos misères,
Obtiens pour nous les vrais biens.
Montre-nous que tu es mère,
Et que le Christ par toi accueille nos prières
Lui qui, né pour nous,
Accepta d'être ton fils.
Vierge incomparable
Et douce entre toutes,
Obtiens le pardon de nos fautes,
Rends nos cœurs humbles et purs.
Accorde-nous une vie sainte,

Rends sûre notre route
Pour que, contemplant Jésus,
Nous partagions sans fin ta joie.
Amen.

IX^e siècle

## Toi qui as tant fait pour moi

Roi de toute sainteté, toi mon Dieu,
prosterné devant toi, je te supplie.
Conserve-moi, moi le pécheur indigne que tu as pris en pitié, et ce plant de ton amour que tu as greffé sur l'arbre de mon espérance, par ta puissance fortifie-le.

Qu'il ne soit pas secoué par les vents,
qu'il ne soit pas brisé par la tempête,
qu'il ne soit pas arraché par quelque ennemi,
qu'il ne soit pas brûlé par les feux de la négligence,
qu'il ne soit pas desséché par la paresse et la dissipation,
qu'il ne soit pas entièrement anéanti par la vanité.
Car, tu le sais, toi l'auteur en moi de ces dons et de ces œuvres, pour cela je ne trouve de secours auprès d'aucun homme.
Tu connais ma faiblesse, tu sais ma misère et mon impuissance pour tout. Sois compatissant à mon égard, toi le Seigneur riche en compassion.
Je me prosterne de tout cœur devant toi, pour que tu ne m'abandonnes pas à ma volonté, toi qui as tant fait pour moi.

Syméon le Nouveau Théologien (949-1022)

## Mon Dieu, dispensateur de dons

Mon Seigneur, ô Seigneur.
Dispensateur de dons, Toi dont l'essence est d'être [bon,
Toi qui régis tous les êtres avec équité,
qui seul as créé toutes choses de rien.

Ô Glorifié, Inscrutable, Redoutable,
Effrayant, Terrible, Fort,
ô Toi dont on ne peut supporter la véhémence.

Ô Inaccessible, Insaisissable, Incompréhensible,
Indicible, Invisible, Insondable,
Impalpable, Impénétrable.
Toi qui es sans commencement, hors du temps.

Science où il n'y a point de brume,
Regard qui point ne se dédouble.
Essence véritable, à la fois éminente et humble,
Existence bénie.

Orient sans ombre, Rayon tout éclatant,
Toi qu'on proclame Lumière.

Ô Confiance infaillible, Repos sans désœuvrement,
Sceau indélébile, Spectacle infini,
ô Nom dont on a porté témoignage.

Saveur de suavité, Coupe d'allégresse,
ô Pain qui fortifies les âmes.

Amour étranger à toute obscurité,
indubitable Promesse.

Voile digne d'envie, vêtement inviolable,
Manteau désirable, Ornement de gloire.

Ô Grand qui nous tends la main, Refuge tant loué,
Grâce sans diminution, inépuisable Trésor.

Pluie incorruptible, Rosée qui descends à l'aurore.
Remède répandu partout, Toi qui guéris gratuitement,
qui donnes une double santé,
qui très puissamment encourages.

Invitation qui ne trompes pas, Bonne Nouvelle en tous
[points,
Roi qui honores les esclaves, Protecteur qui aimes
[les pauvres.
Donateur toujours riche, Recours sans obstacle,
irrévocable Décret, indéfectible Espérance,
longue Providence, ô Don sans repentance.

Ô Droite ouverte à tous, Main à la pesée toujours juste,
Œil impartial, Voix consolante,
Annonce apaisante, Message d'allégresse.

Ô Nom vivant, ô Doigt prévoyant,
infaillible Réussite, Toi dont la conduite est sans tricherie.

Volonté vivificatrice, Conseil sans félonie,
Toi qui honores sans jalousie, immensément capable.

Toi qui mets à l'étroit (notre intelligence) :
Vestiges introuvables, Sentier invisible,
incommensurable Image, Grandeur infinie.

Modèle qui n'a pas de semblable, Compassion qui n'a pas
[de pareille,
Miséricorde débordante, Condescendance digne d'être
[fêtée,
ô Baiser sauveur !

Que d'autres titres plus convenables que ceux-là
seraient encore à offrir à ta Divinité,
ô Béni, Loué, Célébré, Préconisé,
Annoncé, Proclamé, Renommé, Narré,
Supplié avec un désir sûr de n'être pas frustré.

Et tous ceux-là que nous ont inspirés
tes effusions de suavité,
ceux-là que les compositions des discours suivants vont
[mettre en lumière.

Par là Tu Te montres vigilant pour mon salut, ô Béatitude,
comme si Tu T'étais régalé avec désir d'un repas appétissant.

Ce n'est pas d'ailleurs que Tu sois glorifié par mon chant
[vain et futile

mais parce que Tu veux bien tenir mes petites supplications comme causes d'un grand salut qui vient de Toi.

Grégoire de Narek (951-1003)

## J'aspire l'Esprit

Seigneur, mon âme misérable est nue, gelée, transie, elle désire être réchauffée par la chaleur de ton amour.

Je me tiens dans ma demeure de solitude ; aspirant le souffle de mon amour, j'ouvre vers toi et j'aspire l'Esprit.

Et quelquefois, Seigneur, tandis que je suis comme béant vers Toi, les yeux clos, tu me mets quelque chose dans la bouche du cœur. Je sens une saveur, tellement douce et suave, tellement réconfortante que, si elle se parfaisait en moi, je ne rechercherais plus rien.

Quand je la reçois, je veux la retenir et ruminer, mais aussitôt elle passe.

Je la déglutis sans doute, mais en la ruminant longtemps, je souhaiterais perdre la saveur de toutes les autres affections et ne plus savourer qu'elle seule à jamais ; mais elle se hâte de passer…

Alors, par expérience, je suis contraint d'apprendre ce que, dans l'Évangile, Tu dis de l'Esprit : « On ne sait d'où il vient ni où il va. » Oui, « l'Esprit souffle où il veut », et j'éprouve aussi en moi qu'il souffle non quand je le veux, mais quand lui le veut.

Vers Toi, Seigneur, vers Toi sont tournés mes yeux ; que vers Toi, en Toi, par Toi s'orientent tous les élans de mon âme…

Cache-moi, je t'en supplie, dans le refuge de ta face. Protège-moi dans Ta demeure.

Guillaume de Saint-Thierry (1085-1148)

## *Confiteor*
## Je confesse à Dieu

*Confiteor Deo omnipotenti*
*et vobis, fratres,*
*quia peccàvi nimis cogitatiòne,*
*verbo, òpere et omissiòne,*
*mea culpa, mea culpa, mea maxima culpa.*
*Ideo precor beàtam Mariam semper Virginem,*
*omnes Angelos et Sanctos, et vos, fratres,*
*oràre pro me ad Dòminum Deum nostrum.*

*Misereàtur nostri omnìpotens Deus et,*
*dimìssis peccàtis nostris,*

*perdùcat nos ad vitam aetèrnam.*
*Amen.*

Je confesse à Dieu tout-puissant,
je reconnais devant mes frères
que j'ai péché en pensée, en parole,
par action et par omission ;
oui, j'ai vraiment péché.

C'est pourquoi je supplie la Vierge Marie,
les Anges et tous les Saints,
et vous aussi mes frères,
de prier pour moi le Seigneur notre Dieu.

Que le Dieu tout-puissant nous fasse miséricorde, qu'il nous
[pardonne nos péchés
et nous conduise à la vie éternelle.
Amen.

Prière liturgique
XIe siècle

## *Alma Redemptoris Mater*
## Sainte Mère du Rédempteur

*Alma Redemptoris Mater,*
*quae pervia caeli porta manes,*
*et stella maris,*
*succurre cadenti*
*surgere qui curat populo :*
*Tu quae genuisti, natura mirante,*
*tuum sanctum Genitorem :*
*Virgo prius ac posterius,*
*Gabrielis ab ore*
*sumens illud Ave,*
*peccatorum miserere.*

Sainte Mère du Rédempteur
Porte du ciel, toujours ouverte,
étoile de la mer,
viens au secours du peuple qui tombe
et qui cherche à se relever.
Tu as enfanté, ô merveille !
Celui qui t'a créée :
tu demeures toujours Vierge.
Accueille le salut
de l'ange Gabriel
et prends pitié de nous, pécheurs.

Hermannus Contractus
XI^e^ siècle

## Toi qui es mon Seigneur

Toi qui es mon Seigneur,
Toi dont je préfère la Volonté à la mienne… Prends en gré ma supplication, comme une immense clameur. Pour que mes paroles soient de plus en plus dignes d'être exaucées de Toi, donne intensité et persévérance à ma prière.

Ô Dieu, Toi qui es puissant, Toi dont je me suis fait le serviteur, c'est avec persévérance que je Te prie et que je Te prierai encore, pour mériter de T'obtenir. Ce n'est pas pour obtenir un bien de la terre ; je ne demande que ce que je dois demander : Toi seul !… Puisque Tu es Dieu et que ta fonction propre c'est de prendre piété, aie pitié de moi ! Et pas petitement, mais à la mesure de Ta miséricorde.

Puisque Ta miséricorde est immense et que mon péché est grand, aie pitié de moi grandement, aussi grandement que l'est Ta miséricorde, alors je pourrai chanter tes louanges en contemplant ton nom qui est « Seigneur ». Je Te bénirai d'une bénédiction qui durera aussi longtemps que les siècles, je Te louerai par la louange en ce monde et en l'autre.

Bruno le Chartreux (v. 1030-1101)

## Prière à Dieu

Dieu tout-puissant, Père miséricordieux, bon Seigneur, aie pitié de moi pécheur. Donne-moi le pardon de mes péchés. De déjouer et vaincre toutes embûches, tentations et délectations nuisibles : d'éviter parfaitement, en pensée comme en acte, ce que tu interdis ; de faire et garder ce que tu ordonnes. De croire et espérer, d'aimer et vivre ce que tu sais et veux, autant et ainsi que tu le sais et le veux. D'être fidèle et humble dans le repentir, discret dans l'abstinence et la mortification. Pour t'aimer, prier, louer et méditer. Pour que tout acte et toute pensée, soient, selon toi, rends-moi pur, sobre, dévoué, franc, efficace ; accorde-moi de connaître tes commandements, de les aimer, d'y trouver plaisir, de les accomplir facilement. Seigneur, accorde-moi de toujours progresser avec humilité, et de ne jamais faillir.
Ne m'abandonne pas, Seigneur, à mon ignorance ou à mon infirmité d'homme, ni à mes mérites ni à une autre disposition que celle de ta tendresse ; toi-même, avec bonté, dispose de moi, dispose de toutes mes pensées et de tous mes actes, selon ton bon plaisir pour que par moi, en moi et sur moi, se fasse toujours ta seule volonté. Délivre-moi de tout mal et conduis-moi jusqu'en la vie éternelle, par le Seigneur.

Anselme de Canterbury (v. 1033-1109)

## Je t'aimerai, Seigneur

Je t'aimerai, Seigneur, toi ma force et mon appui, mon refuge et mon libérateur ! Tu es pour moi tout ce qu'on peut désirer et aimer le plus fort.

Mon Dieu, mon soutien, je t'aimerai, non certes autant que tu le mérites, mais autant que tu m'en donneras le pouvoir ; ce ne sera pas, bien sûr, autant que je le dois, mais bien autant que je le peux, car il m'est impossible de t'aimer au-delà de mes forces.

Je t'aimerai davantage si tu m'en donnes la force, mais ce ne sera jamais autant que tu en es digne. Tes yeux voient mon insuffisance, mais je sais que tu inscris dans ton livre ceux qui font ce qu'ils peuvent, lors même qu'ils ne peuvent pas tout ce qu'ils doivent.

Bernard de Clairvaux (1090-1153)

## *Salve, Regina*
## Salut, ô Reine

*Salve, Regina, mater misericordiae,*
*Vita, dulcedo et spes nostra, salve !*
*Ad te clamamus, exsules filii Evae.*
*Ad te suspiramus, gementes et flentes in hac lacrimarum valle.*
*Eia ergo, advocata nostra, illos tuos misericordes oculos ad*
*[nos converte.*
*Et Iesum, benedictum fructum ventris tui, nobis post hoc*
*[exsilium ostende.*
*Ô clemens, o pia, o dulcis Virgo Maria !*

Salut, ô Reine, Mère de miséricorde,
Notre vie, notre consolation, notre espoir, salut !
Nous crions vers vous, Enfants d'Ève, de cette terre d'exil ;
Vers vous nous soupirons, gémissant et pleurant dans cette
[vallée de larmes.
Ô vous, notre Avocate, tournez vers nous vos regards
[compatissants.
Et, après cet exil, obtenez-nous de contempler Jésus, le fruit
[béni de vos entrailles,
Ô clémente, ô miséricordieuse, ô douce Vierge Marie !

Adhémar de Monteil († 1098)

## Je courrai vers toi

Seigneur Jésus
Je suis petit et tu l'es aussi ;
je suis faible et tu l'es aussi ;
Je suis homme et tu l'es aussi ;
davantage, je suis pauvre et tu l'es aussi.

Toute ma grandeur n'est que petitesse ;
toute ma force n'est que faiblesse ;
toute ma sagesse n'est que folie devant toi !

Je courrai vers toi, Seigneur,
toi qui guéris les infirmes, fortifies les faibles
et redonnes joie aux cœurs affligés.

Je te suivrai, Seigneur Jésus.

Aelred de Rievaulx (1109-1166)

## *Veni, Sancte Spiritus*
## Viens, Esprit-Saint

*Veni, Sancte Spiritus,*
*Et emitte caelitus*
*Lucis Tuae radium.*

*Veni, Pater pauperum,*
*Veni, dator munerum,*
*Veni, lumen cordium.*

*Consolator optime,*
*Dulcis hospes animae,*
*Dulce refrigerium.*

*In labore requies,*
*In aestu temperies,*
*In fletu solatium.*

*Ô lux beatissima,*
*Reple cordis intima*
*Tuorum fidelium.*

*Sine Tuo numine,*
*Nihil est in homine,*
*Nihil est innoxium.*

*Lava quod est sordidum,*
*Riga quod est aridum,*
*Sana quod est saucium.*

*Flecte quod est rigidum,*
*Fove quod est frigidum,*
*Rege quod est devium.*

*Da Tuis fidelibus,*
*In Te confidentibus,*
*Sacrum septenarium.*

*Da virtutis meritum*
*Da salutis exitum,*
*Da perenne gaudium.*
*Amen. Alleluia.*

Viens, Esprit-Saint, en nos cœurs,
et envoie du haut du ciel
un rayon de ta lumière.

Viens en nous, père des pauvres,
viens, dispensateur des dons,
viens, lumière de nos cœurs.

Consolateur souverain,
hôte très doux de nos âmes
adoucissante fraîcheur.

Dans le labeur, le repos,
dans la fièvre, la fraîcheur,
dans les pleurs, le réconfort.

Ô lumière bienheureuse,
viens remplir jusqu'à l'intime
le cœur de tous tes fidèles.

Sans ta puissance divine,
il n'est rien en aucun homme,
rien qui ne soit perverti.

Lave ce qui est souillé,
baigne ce qui est aride,
guéris ce qui est blessé.

Assouplis ce qui est raide,
réchauffe ce qui est froid,
rends droit ce qui est faussé.

À tous ceux qui ont la foi
et qui en toi se confient
donne tes sept dons sacrés.

Donne mérite et vertu,
donne le salut final
donne la joie éternelle.
Amen. Alleluia

Attribué à Étienne Langton (1155-1228)

## *Regina caeli*
## Reine du ciel

*Regina caeli, laetare, alleluia.*
*Quia quem meruisti portare, alleluia.*

*Resurrexit sicut dixit, alleluia.*
*Ora pro nobis Deum, alleluia.*
*Gaude et laetare, Virgo Maria, alleluia.*

*Quia surrexit Dominus vere, alleluia.*

Reine du ciel, réjouissez-vous, Alléluia !
Car celui que vous avez mérité de porter, Alléluia !

Est ressuscité, comme il l'a dit, Alléluia !
Priez Dieu pour nous, Alléluia !
Soyez dans la joie et l'allégresse, Vierge Marie, Alléluia !
Parce que le Seigneur est vraiment ressuscité, Alléluia !

Prière liturgique
XII^e siècle

## *Ave, Regina caelorum*
## Salut, Reine des cieux

*Ave, Regina caelorum,*
*Ave, Domina angelorum,*
*salve, radix, salve, porta,*
*ex qua mundo lux est orta.*
*Gaude, Virgo gloriosa,*
*super omnes speciosa,*
*vale, o valde decora,*
*et pro nobis Christum exora.*

Salut Reine des cieux !
Salut, Reine des anges !
Salut tige féconde ! Salut porte du ciel !
Par toi, la lumière s'est levée sur le monde.
Ave, Vierge glorieuse,
belle entre toutes les femmes !
Salut, splendeur radieuse :
Implore le Christ pour nous.

Prière liturgique
XII^e^ siècle

## Tu es saint

Tu es le seul saint, Seigneur Dieu,
toi qui fais des merveilles !

Tu es fort. Tu es grand. Tu es haut.
Tu es tout-puissant.
Toi, Père saint, roi du ciel et de la terre.

Seigneur Dieu, tu es le seul bien.
Tu es tout bien. Tu es le souverain bien,
Seigneur Dieu vivant et vrai.

Tu es amour et charité.
Tu es sagesse. Tu es humilité.
Tu es patience. Tu es beauté. Tu es mansuétude.
Tu es sécurité. Tu es repos. Tu es joie.
Tu es notre espérance et notre allégresse.
Tu es justice et mesure.
Tu es toute notre richesse à suffisance.

Tu es beauté. Tu es douceur. Tu es notre abri.
Tu es notre gardien et notre défenseur.
Tu es force. Tu es fraîcheur.

Tu es notre espérance.
Tu es notre foi.

Tu es note charité.
Tu es notre grande douceur.
Tu es notre vie éternelle,
grand et admirable Seigneur,
Dieu tout-puissant, Sauveur miséricordieux.

François d'Assise (1182-1226)

## Seigneur, fais de moi...

Seigneur, fais de moi un instrument de ta paix,
Là où est la haine, que je mette l'amour.
Là où est l'offense, que je mette le pardon.
Là où est la discorde, que je mette l'union.
Là où est l'erreur, que je mette la vérité.
Là où est le doute, que je mette la foi.
Là où est le désespoir, que je mette l'espérance.
Là où sont les ténèbres, que je mette la lumière.
Là où est la tristesse, que je mette la joie.
Ô Seigneur, que je ne cherche pas tant à
être consolé qu'à consoler,
à être compris qu'à comprendre,
à être aimé qu'à aimer.
Car c'est en se donnant qu'on reçoit,
c'est en s'oubliant qu'on se retrouve,
c'est en pardonnant qu'on est pardonné,
c'est en mourant qu'on ressuscite à l'éternelle vie.

Attribué à François d'Assise

## Cantique des créatures

Très-Haut, tout-puissant, bon Seigneur,
à toi sont les louanges, la gloire,
l'honneur et toute bénédiction.
À toi seul, Très-Haut, ils conviennent ;
et nul homme n'est digne de prononcer ton nom.

Loué sois-tu, mon Seigneur,
avec toutes tes créatures :
spécialement Messire frère Soleil
qui donne le jour et par qui tu nous éclaires ;
il est beau et rayonnant avec une grande splendeur :
de toi, Très-Haut, il est le symbole.

Loué sois-tu, mon Seigneur,
pour sœur Lune et les étoiles,
dans les cieux tu les as formées, claires, précieuses et belles.

Loué sois-tu, mon Seigneur,
pour frère Vent,
pour l'air et les nuages, et le ciel pur et tout temps,
par lesquels à tes créatures tu donnes le soutien.

Loué sois-tu, mon Seigneur,
pour sœur Eau,
qui est très utile et humble, précieuse et chaste.

Loué sois-tu, mon Seigneur, pour frère Feu,
par qui tu éclaires la nuit ;
il est beau et joyeux, robuste et fort.

Loué sois-tu, mon Seigneur,
pour sœur notre mère la Terre,
qui nous soutient et nous nourrit,
et produit divers fruits avec les fleurs
aux mille couleurs et l'herbe.

Loué sois-tu, mon Seigneur,
pour ceux qui pardonnent pour l'amour de toi,
et subissent douleur et tribulation ;
bienheureux ceux qui persévéreront dans la paix,
car par toi, Très-Haut, ils seront couronnés.

Loué sois-tu, mon Seigneur,
pour sœur notre Mort corporelle,
à qui nul homme vivant ne peut échapper.
Malheur à ceux qui meurent en péché mortel !
Bienheureux ceux qu'elle trouvera conformes
à tes très saintes volontés,
car la seconde mort ne pourra leur nuire.

Louez et bénissez mon Seigneur et rendez-lui grâces,
et servez-le en grande humilité.

Attribué à François d'Assise

## Ce que l'Amour a de plus doux...

Ce que l'Amour a de plus doux, ce sont ses violences ;
son abîme insondable est sa forme la plus belle ;
se perdre en lui, c'est atteindre le but ;
être affamé de lui, c'est se nourrir et se délecter ;
l'inquiétude d'amour est un état sûr ;
sa blessure la plus grave est un baume souverain ;
languir de lui est notre vigueur ;
c'est en s'éclipsant qu'il se fait découvrir ;
s'il fait souffrir, il donne pure santé ;
s'il se cache, il nous dévoile ses secrets ;
c'est en se refusant qu'il se livre ;
il est sans rime ni raison et c'est sa poésie ;
en nous captivant, il nous libère ;
ses coups les plus durs sont ses plus douces consolations ;
s'il nous prend tout, quel bénéfice !
c'est lorsqu'il s'en va qu'il nous est le plus proche ;
son silence le plus profond est son chant le plus haut ;
sa pire colère est sa plus gracieuse récompense ;
sa menace nous rassure
et sa tristesse console de tous les chagrins :
ne rien avoir, c'est sa richesse inépuisable.

Hadewijch d'Anvers (v. 1180-v. 1260)

## Prière avant d'écrire et de prêcher

Créateur ineffable, qui, des trésors de ta sagesse a choisi les trois hiérarchies des anges, et les as placées dans un ordre admirable au-dessus du ciel ; Toi qui as disposé avec tant d'art les parties de l'univers ; Toi, dis-je, qu'on appelle en vérité source de lumière et de sagesse et principe suprême, daigne répandre sur les ténèbres de mon intelligence un rayon de ta clarté, chassant de moi les doubles ténèbres : celles du péché et celles de l'ignorance. Toi qui rends diserte la langue des enfants, forme ma langue et verse sur mes lèvres la grâce de ta bénédiction. Donne-moi la pénétration pour comprendre, la capacité de retenir, la méthode et la facilité pour apprendre, la sagacité pour interpréter et une grâce abondante pour m'exprimer. Dispose le commencement, dirige le progrès, couronne la fin : Toi, vrai Dieu et vrai homme, qui vis et règnes dans les siècles des siècles. Amen

Thomas d'Aquin (1225-1274)

## Prière pour chaque jour

Accorde-moi, Dieu miséricordieux, de désirer avec ardeur ce que tu approuves, de le rechercher avec prudence, de le reconnaître en vérité, de l'accomplir avec perfection, à la louange et à la gloire de ton nom.

Mets de l'ordre en ma vie, et ce que tu veux que je fasse, donne-moi de le connaître, donne-moi de l'accomplir comme il faut et comme il est utile au salut de mon âme.

Que j'aille vers toi, Seigneur, par un chemin sûr, droit, agréable et menant au terme, qui ne s'égare pas entre les prospérités et les adversités, tellement que je te rends grâces dans les choses prospères et que, dans les choses adverses, je garde la patience, ne me laissant ni exalter par les premières, ni abattre par les secondes.

Que rien ne me réjouisse ni me m'attriste, hors de ce qui me mène à toi ou m'en retire. Que je désire plaire ou ne craigne de déplaire à personne, si ce n'est à toi. Que tout ce qui passe devienne vil à mes yeux à cause de toi, Seigneur, et que tout ce qui te touche me soit cher, mais toi, mon Dieu, plus que tout le reste.

Que toute joie me fatigue qui est sans toi, et que je ne désire rien en dehors de toi. Que tout travail, Seigneur, me soit agréable qui est pour toi, et tout repos insupportable qui est sans toi. Donne-moi souvent de porter mon cœur vers toi et, quand je faiblis, de peser ma faute avec douleur, avec un ferme propos de me corriger.

Rends-moi, Seigneur mon Dieu, obéissant sans contradiction, pauvre sans défection, chaste sans corruption, patient sans protestation, humble sans fiction, joyeux sans dissipation, retenu sans rigidité, actif sans légèreté, animé de ta crainte sans découragement, sincère sans duplicité, faisant le bien sans présomption, reprenant le prochain sans hauteur, l'édifiant de parole et d'exemple sans faux-semblants.

Donne-moi, Seigneur Dieu, un cœur vigilant, que nulle curieuse pensée n'entraîne loin de toi ; un cœur noble, que nulle intention équivoque ne dévie ; un cœur ferme, que nulle adversité ne brise ; un cœur libre, que nulle violente passion ne subjugue.

Accorde-moi, Seigneur mon Dieu, une intelligence qui te connaisse, un empressement qui te cherche, une sagesse qui te trouve, une vie qui te plaise, une persévérance qui t'attende avec confiance et une confiance qui te possède à la fin. Accorde-moi d'être affligé de tes peines par la pénitence, d'user en chemin de tes bienfaits par la grâce, de jouir de tes joies, surtout, dans la patrie par la gloire. Ô toi qui, étant Dieu, vis et règnes dans tous les siècles des siècles. Amen.

Thomas d'Aquin

## *Pange lingua – Tantum ergo sacramentum*
## Hymne au Saint Sacrement

*Pange lingua gloriosi*
*Corporis mysterium,*
*Sanguinisque pretiosi,*
*Quem in mundi pretium*
*Fructus ventris generosi,*
*Rex effudit gentium.*

*Nobis datus, nobis natus*
*Ex intacta Virgine*
*Et in mundo conversatus,*
*Sparso verbi semine,*
*Sui moras incolatus*
*Miro clausit ordine.*

*In supremae nocte cenae*
*Recumbens cum fratribus,*
*Observata lege plene*
*Cibis in legalibus,*
*Cibum turbae duodenae*
*Se dat suis manibus.*

*Verbum caro, panem verum*
*Verbo carnem efficit :*
*Fitque sanguis Christi merum,*
*Et si sensus deficit,*

*Ad firmandum cor sincerum*
*Sola fides sufficit.*

*Tantum ergo Sacramentum*
*Veneremur cernui :*
*Et antiquum documentum*
*Novo cedat ritui :*
*Praestet fides supplementum*
*Sensuum defectui.*
*Genitori, Genitoque*
*Laus et iubilatio,*
*Salus, honor, virtus quoque*
*Sit et benedictio :*
*Procedenti ab utroque*
*Compar sit laudatio. Amen.*

Chante, ô ma langue, le mystère
De ce corps très glorieux
Et de ce sang si précieux
Que le Roi de nations
Issu d'une noble lignée
Versa pour le prix de ce monde.

Fils d'une mère toujours vierge
Né pour nous, à nous donné,
Et dans ce monde ayant vécu,
Verbe en semence semé,
Il conclut son temps d'ici-bas
Par une action incomparable :

La nuit de la dernière Cène,
À table avec ses amis,
Ayant pleinement observé
La Pâque selon la loi,
De ses propres mains il s'offrit
En nourriture aux douze apôtres.

Le Verbe fait chair, par son verbe,
Fait de sa chair le vrai pain ;
Le sang du Christ devient boisson ;
Nos sens étant limités,
C'est la foi seule qui suffit
pour affermir les cœurs sincères.

Il est si grand, ce sacrement !
Adorons-le, prosternés.
Que s'effacent les anciens rites
Devant le culte nouveau !
Que la foi vienne suppléer
Aux faiblesses de nos sens !
Au Père et au Fils qu'il engendre
Louange et joie débordante,
Salut, honneur, toute-puissance,
Et toujours bénédiction !
À l'Esprit qui des deux procède
soit rendue même louange. Amen.

Attribué à Thomas d'Aquin

## *Stabat Mater*

*Stabat Mater dolorosa*
*Juxta Crucem lacrimosa*
*Dum pendebat Filius.*

*Cujus animam gementem,*
*Contristatam et dolentem,*
*Pertransivit gladius.*

*Ô quam tristis et afflicta*
*Fuit illa benedicta*
*Mater Unigeniti !*

*Quae moerebat et dolebat*
*Pia Mater, dum videbat*
*Nati poenas inclyti.*

*Quis est homo qui non fleret,*
*Matrem Christi si videret*
*In tanto supplicio ?*

*Quis non posset contristari,*
*Christi Matrem contemplari*
*Dolentem cum Filio ?*

*Pro peccatis suae gentis,*
*Vidit Jesum in tormentis,*
*Et flagellis subditum.*

*Vidit suum dulcem natum*
*Moriendo desolatum,*
*Dum emisit spiritum.*

*Eia Mater, fons amoris,*
*Me sentire vim doloris*
*Fac, ut tecum lugeam.*

*Fac, ut ardeat cor meum*
*In amando Christum Deum,*
*Ut sibi complaceam.*

*Sancta Mater, istud agas,*
*Crucifixi fige plagas*
*Cordi meo valide.*

*Fac me tecum pie flere,*
*Crucifixo condolore,*
*Donec ego vixero.*

*Tui nati vulnerati,*
*Tam dignati pro me pati,*
*Poenas mecum divide.*

*Juxta Crucem tecum stare,*
*Et me tibi sociare*
*In planctu desidero.*

*Virgo virginum praeclara,*
*Mihi jam non sis amara,*
*Fac me tecum plangere.*

*Fac, ut portem Christi mortem,*
*Passionis fac consortem,*
*Et plagas recolere.*

*Fac me plagis vulnerari,*
*Fac me Cruce inebriari,*
*Et cruore Filii.*

*Flammis ne urar succensus,*
*Per te, Virgo, sim defensus*
*In die judicii.*

*Christe, cum sit hinc exire*
*Da per Matrem me venire*
*Ad palmam victoriae.*

*Quando corpus morietur,*
*Fac, ut animae donetur*
*Paridisi gloria.*

Debout, la Mère douloureuse
Serrait la Croix, la malheureuse,
Où son pauvre enfant pendait.

Et dans son âme gémissante,
Inconsolable, défaillante,
Un glaive aigu s'enfonçait.

Ah ! qu'elle est triste et désolée,
La Mère entre toutes comblée !
Il était le Premier-Né !

Elle pleure, pleure, la Mère,
Pieusement qui considère
Son enfant assassiné.

Qui pourrait retenir ses pleurs
À voir la Mère du Seigneur
Endurer un tel Calvaire ?

Qui peut, sans se sentir contrit,
Regarder près de Jésus-Christ
Pleurer tristement sa Mère ?

Pour les péchés de sa nation,
Elle le voit, dans sa Passion,
Sous les cinglantes lanières.

Elle voit son petit garçon
Qui meurt dans un grand abandon
Et remet son âme à son Père.

Pour que je pleure avec toi,
Mère, source d'amour, fais-moi
Ressentir ta peine amère !

Fais qu'en mon cœur brûle un grand feu,
L'amour de Jésus-Christ, mon Dieu,
Pour que je puisse lui plaire !

Exauce-moi, ô sainte Mère,
Et plante les clous du Calvaire
Dans mon cœur, profondément !

Pour moi ton Fils, couvert de plaies,
A voulu tout souffrir ! Que j'aie
Une part de ses tourments !

Que je pleure en bon fils avec toi,
Que je souffre avec lui sur la Croix
Tant que durera ma vie !

Je veux contre la Croix rester
Debout près de toi, et pleurer
Ton fils en ta compagnie !

Ô Vierge, entre les vierges claire,
Pour moi ne sois plus si amère :
Fais que je pleure avec toi !

Fais que me marque son supplice,
Qu'à sa Passion je compatisse,
Que je m'applique à sa Croix !

Fais que ses blessures me blessent,
Que je goûte à la Croix l'ivresse
Et le sang de ton enfant !

Pour que j'échappe aux vives flammes,
Prends ma défense, ô notre Dame,
Au grand jour du jugement !

Jésus, quand il faudra partir,
Puisse ta Mère m'obtenir
La palme de la victoire.

Et quand mon corps aura souffert,
Fais qu'à mon âme soit ouvert
Le beau paradis de gloire !

Attribué à Jacopone da Todi (1230-1306)

## La danse d'amour

Que chaque amant qui aime le Seigneur
vienne à la danse en chantant d'amour.

vienne à la danse, tout enamouré,
désireux de celui qui jadis le créa.
Que d'amour ardent son cœur tout embrasé
soit transformé par sa grande ferveur.

Le cœur se fond, comme au feu la glace,
quand à mon Seigneur mon cœur est uni ;
et je m'écrie : Amour, d'amour tu me consumes,
avec l'amour je reste gisant, comme grisé d'amour !

Grisés d'amour les amants s'écrient :
Chantez au Christ Amour des chants nouveaux,
bénissez-le par-dessus tous les saints,
puisque tant de délices leur mande l'Amour.

Au contact de l'Amour tu seras touché d'amour,
en revêtant l'Amour tu seras dépouillé ;
alors tu seras totalement dépouillé de toi,
et transformé en ton guide.

Amour, Amour, où m'as-tu mené ?
Amour, Amour, hors de moi tu m'as tiré,

Amour, Amour, je ne sais où je suis allé,
Sinon que je suis entré dans une fournaise.

Je brûle dans le feu, et languis en criant :
en vivant je meurs, et en mourant je revis.
Pourtant je n'aime pas, mais j'ai soif d'amour,
et j'ai grand désir de m'unir à l'amour.

Que chaque amant qui aime le Seigneur,
vienne à la danse en chantant d'amour.

Jacopone da Todi

## Jubile au Seigneur

Que les vœux et les désirs de mon cœur jubilent à toi, et que les dons de tes grâces si variées te chantent gloire.
Que les soupirs et les gémissements de cet exil jubilent à toi, et te bénissent, ô mon Dieu, mon attente, mon espoir.
Que l'espérance et la confiance que j'ai en toi jubilent à toi, de ce qu'enfin, ô Dieu, vie toute bienheureuse, de la poussière du tombeau tu me ramèneras à toi.
Que le sceau de la foi par lequel tu m'as marquée pour être à toi, jubile à toi, de ce que je crois, ô mon cher rédempteur, qu'enfin dans ma chair je te verrai.
Que le désir que j'ai pour toi, que la soif que j'endure pour toi, jubile à toi, de ce qu'après cette vie, ô mon Dieu, ma vraie patrie, j'irai enfin à toi.

Gertrude d'Helfta (1256-1302)

## Montre-moi ton chemin

Ô richesse élevée de la nature divine,
Montre-moi ton chemin
Que dans ta sagesse tu as ordonné
Et ouvre-moi le si précieux trésor
Auquel tu m'as convié :
Comprendre avec intelligence
Au-dessus de toute créature
Aimer avec les anges et être familier
Avec ton fils unique,
Notre Seigneur Jésus-Christ,
Héritier de toi et t'accueillir
Selon ta sagesse éternelle
Et avec ton aide
Me préserver de tout mal
Car tu m'as élevé au-dessus de toute créature
Et tu as imprimé en moi
Le sceau de ton éternelle image
Insaisissable à toutes les créatures
Et tu n'as rien créé de plus semblable à toi
Que l'être humain selon l'âme.
Apprends donc à me tenir ainsi
Que je ne sois plus jamais sans toi
Et que dans le flux de ton œuvre
Aimante en moi
Jamais plus tu ne sois entravé.

Et jamais ne me livre plus
À aucun désir hormis toi
Ni ne m'afflige dans mes pensées
Avec aucune créature hormis toi.
Seigneur, ton esprit est insaisissable
À toute créature
Et tu spiritualises l'âme
Pour que dans sa qualité spirituelle
Elle soit ordonnée au-dessus de toute créature
En sorte que pour ta sagesse éternelle
Elle te suffise selon ta volonté divine
Et que dans la grâce, elle soit délivrée
De toutes les images indignes
Qu'elle a absorbées en elle
Car tu t'es approprié l'âme selon ta nature
Et tu l'as apparentée à toi
Garde-la donc
Afin que ne s'établisse en elle
Rien que toi.

Maître Eckhart (1260-1327)

# Le Paradis

Ô lumière éternelle, qui t'élèves si haut
au-dessus des pensés des hommes, prête à mon esprit
un peu de la splendeur où tu te montrais,

Et donne à ma langue assez de puissance
Qu'elle puisse transmettre aux générations futures
au moins une étincelle de ta gloire.

Ta victoire sera encore plus éclatante,
S'il en revient un peu en ma mémoire,
et qu'elle transparaisse même faiblement dans ces vers.

Je crois, après avoir senti l'intensité
De ce rayon de vie, que je me serais perdu
Si mes yeux s'étaient détournés de lui.

Dante Alighieri (1265-1321)

# Angélus

L'ange du Seigneur annonça à Marie.
Et elle conçut du Saint-Esprit.

R/Je vous salue, Marie, pleine de grâces…

Voici la servante du Seigneur,
qu'il me soit fait selon ta parole.

R/Je vous salue, Marie, pleine de grâces…

Et le Verbe s'est fait chair,
et il a demeuré parmi nous.

R/Je vous salue, Marie, pleine de grâces…

Priez pour nous, sainte Mère de Dieu,
afin que nous devenions dignes des promesses de Jésus-Christ.

Prions. Que ta grâce, Seigneur notre Père, se répande en nos cœurs. Par le message de l'ange, tu nous as fait connaître l'incarnation de ton Fils bien-aimé. Conduis-nous par sa passion et par sa croix, avec le secours de la Vierge Marie, jusqu'à la gloire de la résurrection. Par Jésus, le Christ, notre Seigneur. Amen

Prière populaire
XIII^e siècle

## Le désir de te louer

Hélas, Dieu, qui donnera à mon cœur débordant d'accomplir avant ma mort son désir de te louer ? Qui me donnera, en mes jours, de louer dignement le Seigneur aimé que mon âme chérit ? Ah ! tendre Seigneur, si de mon cœur pouvaient jaillir autant de belles mélodies qu'il y eut jamais de rares et doux instruments, et de feuilles et d'herbes, et que toutes s'élèvent vers toi dans la cour céleste, afin que, de mon cœur, monte, pénétrante, une louange assez délicieuse et inouïe, pour plaire aux yeux de ton cœur et réjouir toute la cour céleste ! Aimable Seigneur, si je ne suis pas digne de te louer, mon âme pourtant désire que le ciel te loue, lorsque dans toute sa précieuse beauté, il resplendit de l'éclat du soleil et de la multitude sans nombre des lumineuses étoiles, en sa haute clarté ; que les belles campagnes te louent quand, dans les délices de l'été, en parure de fleurs variées, selon leur naturelle noblesse, elles resplendissent d'agréable beauté. Ah ! et qu'ils te louent, toutes les douces pensées, les brûlants désirs qui montèrent jamais vers toi des cœurs remplis d'un pur amour, quand ils étaient enveloppés des délices sereines de l'été dans ton esprit qui les illuminait.

Seigneur, à la seule pensée de cette sublime louange, mon cœur voudrait se fondre en moi, les pensées me fuient, les mots me manquent et je me sens défaillir. Je ne sais quelle lumière brille dans mon cœur, que personne ne peut traduire par des paroles, lorsque je veux te louer, toi, le Bien ineffable. Car si je m'adresse aux plus belles créatures, aux plus beaux esprits, aux êtres les plus purs, tu les surpasses tous, indiciblement. Et si je plonge dans le profond abîme de ton propre bien, Seigneur, alors, de petitesse, toute louange s'évanouit.

Henri Suso (v. 1295-1366)

## *Ave Verum Corpus*

*Ave Verum Corpus natum ex Maria Virgine*
*Vere passum, immolatum in cruce pro homine,*
*Cujus latus perforatum vero fluxit sanguine,*
*Esto nobis praegustatum mortis in examine.*
*Ô Iesu dulcis, Ô Iesu pie, Ô Iesu, fili Mariae,*
*Miserere mei. Amen.*

Je te salue, ô vrai corps né de la Vierge Marie,
Ayant vraiment souffert et qui fut immolé sur la croix pour
[l'homme
Toi dont le côté transpercé laissa couler l'eau et le sang
Sois pour nous un réconfort dans l'heure de la mort.
Ô doux, ô bon, ô Jésus, fils de Marie,
Aie pitié de moi. Ainsi soit-il.

Hymne liturgique anonyme
XIV^e siècle

## *Anima Christi*
## Âme du Christ

*Anima Christi, sanctifica me.*
*Corpus Christi, salva me.*
*Sanguis Christi, inebria me.*
*Aqua lateris Christi, lava me.*
*Passio Christi, conforta me.*
*Ô bone Jesu, exaudi me.*
*Intra tua vulnera absconde me.*
*Ne permittas me separari a te.*
*Ab hoste maligno defende me.*
*In hora mortis meae voca me,*
*Et jube me venire ad te,*
*Ut cum Sanctis tuis laudem te*
*In saecula saeculorum.*
*Amen.*

Âme du Christ, sanctifiez-moi,
Corps du Christ, sauvez-moi.
Sang du Christ, enivrez-moi,
Eau du côté du Christ, lavez-moi.
Passion du Christ, fortifiez-moi.
Ô bon Jésus, exaucez-moi.
Dans vos blessures, cachez-moi.
Ne permettez pas que je sois séparé de vous.
De l'ennemi, défendez-moi.
À ma mort, appelez-moi.

Ordonnez-moi de venir à vous,
Pour qu'avec vos saints je vous loue,
Dans les siècles des siècles.
Ainsi soit-il.

XIVe siècle

## *Tota Pulchra Es*
## Tu es toute belle

*Tota pulchra es, Maria, et macula originalis non est in te.*
*Vestimentum tuum candidum quasi nix, et facies tua*
*[sicut sol.*
*Tota pulchra es, Maria, et macula originalis non est in te.*
*Tu gloria Jerusalem, tu laetitia Israel, tu honorificentia populi*
*[nostri.*
*Tota pulchra es, Maria.*

Tu es toute belle, Marie, et la faute originelle n'est point
[en toi.
Ton vêtement est blanc comme neige, et ton visage pareil
[au soleil.
Tu es toute belle, Marie, et la faute originelle n'est point
[en toi.
Toi, la gloire de Jérusalem, toi la joie d'Israël, toi qui es
[l'honneur de notre peuple.
Tu es toute belle, Marie.

XIV^e^ siècle

## Père éternel

Père éternel,
ô éternelle Beauté,
ô éternelle Sagesse,
ô éternelle Bonté,
ô fou d'Amour,
as-Tu besoin de ta créature ?

Oui je le pense, puisque Tu agis
comme si Tu ne pouvais vivre sans elle,
bien que Tu sois la Vie,
la source de toute vie,
bien que sans Toi
rien ne puisse vivre.

Pourquoi es-Tu donc si fou de ta créature ?
Pourquoi, puisqu'elle Te fuit,
es-Tu si enivré de son salut ?
Pourquoi la cherches-Tu ?
Plus elle s'éloigne,
plus Tu t'approches d'elle ;
pouvais-Tu venir plus près
que lorsque Tu es venu dans son humanité ?

Catherine de Sienne (1347-1380)

# Prière à Marie

Ô Marie, grâce à la lumière que vous aviez,
Vous n'avez point été une vierge folle, mais une
[vierge prudente
Car vous avez demandé à l'ange
Comment ce qu'il vous annonçait pourrait se faire.
Vous n'ignoriez pas que tout était possible
À la toute-puissance de Dieu,
Et vous n'aviez aucun doute à cet égard.
Pourquoi donc disiez-vous : « Je ne connais pas d'homme » ?
[Luc 1,34]
Ce n'était pas le manque de foi,
Mais votre humilité profonde qui vous le faisait dire ;
Vous croyiez à la puissance de Dieu,
Mais vous ne pensiez qu'à votre indignité.

Ô Marie, vous avez été troublée par les paroles de l'ange.
D'où vient ce trouble ? De la peur ?
Il ne semble pas ; bien plutôt, il m'apparaît dans la lumière
[de Dieu,
Que ce n'était pas de crainte, mais d'admiration.
Et qu'admiriez-vous donc ?
L'immensité de la bonté de Dieu.
Et vous étiez troublée
En voyant combien vous étiez indigne de la grâce
Qu'il voulait vous faire.

Cette comparaison de votre indignité et de votre faiblesse
avec le miracle ineffable de la grâce divine,
Vous remplissait de confusion.
Votre demande prouvait votre humilité profonde.
Vous étiez, non pas effrayée,
Mais étonnée de l'immensité de la bonté de Dieu,
Que vous compariez à votre petitesse et au néant de votre [vertu.

Vous êtes ainsi devenue, ô Marie, le livre où notre règle est [écrite.
Car en vous est gravée la sagesse du Père éternel,
En vous se manifeste la dignité, la force et la liberté de [l'homme.

Catherine de Sienne

## J'en appelle à ta miséricorde

Mon seigneur, abaisse le regard de ta miséricorde sur ton peuple et sur le corps mystique de la sainte Église. Je ne sortirai point de ta présence que je ne te voie faire miséricorde.

Ô abîme de charité ! Quel cœur n'éclatera à la vue de ta grandeur descendant jusqu'à notre humanité !

Nous sommes ton image ; et toi, tu es devenu notre image par l'union contractée avec l'homme quand tu voilas la Divinité éternelle sous la nuée de la chair corrompue d'Adam.

Quelle en est la raison ? L'Amour.

Toi, ô Dieu, tu t'es fait homme, et l'homme est devenu Dieu.

C'est par cet amour ineffable que je te prie de faire miséricorde à tes créatures.

Catherine de Sienne

# Prière à Marie-Madeleine

L'amour de Jésus pour la brebis perdue :

Tant il t'aimait, tant il était proche de toi,
Tant il t'enseignait, tant il t'inspirait,
Même si ton péché abondait, la grâce a surabondé.
Tant il t'aimait : pour toi et pour ta sœur aussi,
Il ressuscita ton frère pourri de quatre jours.
Il a eu si grande pitié de vos pleurs et gémissements
Qu'il ne put lui-même se contenir de pleurer.
Tant il t'aimait qu'après sa passion, à toi, il se montra le
[premier.
L'écriture s'accomplit en toi qui dit que la brebis perdue
est retrouvée et que Jésus la porta dans ses bras pour la
[remettre dans le troupeau.

Tu as tant aimé Jésus, Marie-Madeleine,
Que des pécheurs, il t'a instituée fiancée souveraine :
À tous ceux qui sont en déviance, en souffrance,
à tous les déçus de l'espérance.
Jésus est si bon qu'il ne refuse à personne, pleine de
[contrition
La consolation si douce de sa sainte compassion.

Ô Marie-Madeleine, miroir resplendissant,
Dans lequel doivent se reconnaître tous les pécheurs
[pénitents.

Ô dame gracieuse, pécheresse devenue sainte,
Fais-moi entrer dans la contrition de mes péchés,
Que par tes saints mérites, j'obtienne rémission.
Tu sais bien la faiblesse de ma fragilité, tu connais mes
[iniquités,
mais toi qui es le réconfort des pécheurs, aide-moi.
À toi, je recommande, dame de toute bonté,
Mes désirs, ma volonté.
Fais que, par toi, du paradis je puisse hériter.

XVe siècle

## La robe de la Vierge

Fais fondre les cœurs secs,
Fortifie les mous,
Attendris les durs,
Assèchent ceux qui ruissellent,
Réchauffent ceux qui sont froids,
Sauve ceux qui vont périr.

Dirige ce qui dévie et redresse-le,
Conforte ce qui est faible,
Réchauffe ce qui va naître,
Excite la vigueur,
Emporte les fumées,
Fais l'épreuve de ce qui va demeurer.

Tout comme le soleil brillant,
Délicieux à voir,
Te fait don d'une robe,
Ainsi font la lune changeante
Et le monde instable que tu foules
Après l'avoir vaincu.

Dom Conrad de Haimbourg († 1360)

## Telle une frêle barque

Soulagé d'un pesant, d'un important fardeau,
Mon cher Seigneur, et détaché de ce bas monde,
Telle une frêle barque, épuisé, je me tourne vers toi,
Douceur et calme après l'affreux orage.

Les épines, les clous, puis l'un et l'autre paumes,
Comme ton doux visage, humble et miséricordieux,
Promettent à mon âme contristée
La grâce d'un profond repentir, que suivrait le salut.

Que tes saints yeux pas plus que tes chastes oreilles
N'usent point de rigueur en pesant mon passé,
Et n'étends pas sur lui un bras justicier.

Que ton sang seul atteigne et l'aveu de mes péchés,
Qu'il abonde, à mesure que croît mon grand âge,
En assistance prompte et pardon plénier.

Michel-Ange (1475-1564)

## Si ton secours n'était pas venu...

Si ton secours n'était venu du ciel, nous serions comme Sodome et Gomorrhe, détruites en un clin d'œil.
C'est grâce à tes miséricordes innombrables que nous ne sommes pas exterminés, c'est par ta grâce immense que nous vivons encore.
Nous étions tous fils de la mort, mais tes miséricordes nous ont prévenus.
Ta justice n'a pas égalé nos péchés, ta bonté a submergé nos pires méfaits.
Tu t'es souvenu que nous sommes poussière, que l'homme est le foin et la fleur des champs.
Je te l'ai dit, ô mon Dieu, ô Père des miséricordes : ton jugement n'est droit que pour me montrer ma misère et la cause de toutes mes misères.

Thomas A. Kempis (1379-1471)

# Amour aimant et amour aimable

Toi qui es amour mon Dieu, tu es donc et l'amour aimant et l'amour aimable et le lien même de l'amour aimant et de l'amour aimable. En toi, mon Dieu, je vois l'amour aimant et l'amour aimable et, parce que je vois en toi l'amour aimant et l'amour aimable, je vois le lien entre les deux. Et ce lien n'est rien d'autre que ce que je vois dans son absolue unité : j'y vois l'unité qui unit et l'unité qui est unie et l'union des deux. Quoique je voie en toi, c'est toi, mon Dieu. Tu es donc cet amour infini qui, s'il n'est pas tout à la fois aimant, aimable, et le lien des deux, ne peut m'apparaître comme l'amour naturel et parfait. Car comment puis-je concevoir l'amour le plus parfait et le plus naturel sans l'amour aimant, l'amour aimable et l'union des deux ? Que l'amour soit aimant et aimable et le lien entre les deux, j'en fais l'expérience quand je vois que, dans l'amour réduit, l'être procède de l'essence de l'amour parfait. Et ce qui procède de l'essence de l'amour parfait quoique réduit, ne peut être dépourvu de l'amour absolu d'où l'amour réduit tient tout ce qu'il possède de perfection.

Plus l'amour est simple, plus il est parfait. Tu es, mon Dieu, l'amour le plus parfait et le plus simple. Tu es donc l'essence même la plus parfaite, la plus simple et la plus naturelle de l'amour. Ainsi, en toi qui es amour, l'aimant n'est pas une chose et l'aimable une autre et une autre encore le lien entre les deux, mais c'est le même amour, c'est-à-dire toi, mon Dieu.

Nicolas de Cues (1401-1464)

## Prière pour avoir de l'humour

Donnez-moi une bonne digestion, Seigneur
Et aussi quelque chose à digérer.

Donnez-moi la santé du corps
avec le sens de la garder au mieux.

Donnez-moi une âme sainte, Seigneur,
afin qu'elle ne s'épouvante pas en voyant le péché,
le gémissement et le soupir.

Ne permettez pas que je me fasse trop de souci
pour cette chose encombrante que j'appelle moi.

Seigneur donnez-moi l'humour pour que je tire
quelque bonheur de cette vie et en fasse profiter les autres.

Thomas Webb

## Être avec Toi, Seigneur

Accorde-moi, Seigneur bon, un désir ardent d'être avec toi, non pour éviter les calamités de ce misérable monde, et non tant pour éviter les peines du purgatoires, ou même celles de l'enfer, ni tant pour obtenir les joies du paradis en considération de mon propre bonheur, que pour un vrai et pur amour de toi.

Entoure-moi, Seigneur bon, de ton amour et de ta faveur, chose que mon amour pour toi, si grand soit-il, ne saurait jamais mériter que de ta grande bonté.

Et pardonne-moi, Seigneur bon, l'audace que j'ai de te présenter des requêtes si hautes bien, que, vil et misérable pécheur, je sois si indigne d'obtenir les plus modestes. Et pourtant ces faveurs sont telles que je suis tenu, Seigneur bon, de les convoiter, et le désir que j'en ai serait plus efficace si mes multiples péchés n'y mettaient obstacle : que ta bonté daigne m'en laver, ô Trinité glorieuse, avec le sang lavé qui jaillit de ton tendre corps, ô doux Sauveur Christ, dans les divers tourments de ta très âpre passion.

Chasse de moi, Seigneur bon, cette tiédeur, ou plutôt cette froideur de glace que j'éprouve dans la méditation, ce manque de goût de prier. Et donne-moi d'être rempli de chaleur et vibrant lorsque je pense à toi.

Thomas More (1478-1535)

## *Pater Noster* médité

Notre Père…
Dieu nous invite à croire qu'Il est vraiment notre Père et que nous sommes vraiment ses enfants, afin qu'avec une conscience d'enfants, nous adressions nos prières, comme à notre Père bien-aimé. Mais aussi, si le Christ nous a enseigné à dire NOTRE Père, c'est qu'Il désirait que nous soyons tous frères. Demandons-nous donc ce que nous avons fait à nos frères et ce que nous faisons de nos frères les humains.

qui es aux cieux…
Père, Toi qui es aux cieux, viens aussi habiter notre cœur et le cœur de tous nos frères les humains !

que ton Nom soit sanctifié…
Seigneur Dieu, ton Nom est saint, nous savons très bien que ce ne sont pas nos prières qui rendront ton Nom plus saint, puisqu'Il l'est de toute éternité. Mais fais, Seigneur, que ton Nom soit réellement sanctifié parmi nous ! Tant de gens vivent en profanant ton saint Nom et ne se conforment pas à l'enseignement de ta Parole, cette Parole qui nous dit d'aimer notre prochain comme nous-mêmes.

que ton règne vienne...
Seigneur, nous savons que ton règne s'établit de lui-même et sans le secours de nos prières ; mais nous te demandons qu'il s'établisse aussi EN nous. Seigneur Dieu, donne-nous ton Saint-Esprit pour croire par sa grâce et sa Parole, et pour vivre saintement dans le temps et dans l'éternité.

que ta volonté soit faite sur la terre comme au ciel...
Seigneur, nous te demandons que ta volonté s'établisse aussi parmi nous. Brise, ô Père, tous les mauvais desseins des hommes et toute mauvaise volonté qui nous empêche de sanctifier ton Nom et qui s'oppose à la venue de ton règne. Donne-nous la volonté, Seigneur, de prendre soin de nos frères les hommes.

Donne-nous aujourd'hui notre pain de ce jour...
Seigneur, donne à tous les hommes ce dont ils ont besoin, autant aux niveaux physique, psychologique, moral, social, que spirituel et matériel. Donne aux hommes les conditions de vie auxquelles ils ont droit.

Pardonne-nous nos offenses comme nous pardonnons à ceux qui nous ont offensés...
Nous te prions, Père céleste, afin que tu ne regardes pas nos péchés et que tu ne repousses pas nos demandes à cause d'eux, car nous savons que nous sommes indignes de tes bienfaits et ne les méritons pas. Mais nous te supplions de nous les accorder par grâce. C'est pourquoi, à notre tour, nous pardonnerons de tout notre cœur et nous ferons du bien à ceux qui nous offensent.

Et ne nous soumets pas à la tentation…
Nous savons, Père, que Dieu ne tente personne ; mais nous te demandons de nous garder et de nous défendre, de peur que nous soyons entraînés par le mensonge, l'incrédulité, le désespoir ou l'indifférence face à notre frère qui souffre. Donne-nous aussi la force de ne pas tomber dans la haine de ceux qui se sont donnés comme mission de faire du mal à leurs semblables.

mais délivre-nous du mal…
Nous résumons, Père, en ces mots, toutes les demandes que nous t'adressons pour que tu nous délivres de tous les maux qui peuvent nous atteindre dans nos corps et dans nos âmes, dans nos biens et dans notre honneur ; et qu'enfin, à notre heure dernière, tu nous accordes une mort bienheureuse, en nous faisant passer de cette vallée de misère à ton ciel.
Ces demandes, Père, nous les adressons au nom de tous nos frères les humains, par amitié, par solidarité et par fraternité envers eux, qui sont aussi tes enfants.
Car c'est à toi qu'appartiennent le règne, la puissance et la gloire, aux siècles des siècles.

Martin Luther (1483-1546)

## Que je ne cède pas au doute

Ô Dieu, je suis sûr que tu es vrai et que tu ne mens jamais. Permets que je demeure ferme dans la foi et que je ne cède pas au doute. Non pas parce que ma prière est bonne, mais parce que toi, tu es la vérité.

Ô Père, encourage et fortifie par ta sainte Parole l'homme faible que je suis. J'ai souvent de la peine à accepter ta volonté pour moi. Donne-moi la force, Père, d'être obéissant pour ne pas succomber à la tristesse.

Dieu tout-puissant, aide-nous à supporter en souriant le mal qu'on nous fait ; chasse de nous tout désir de revanche. Accorde-nous de ne pas rendre coup pour coup, mais de trouver notre joie dans ta volonté qui nous envoie ces épreuves, en sorte que nous soyons portés à te remercier et à te louer.

Dieu tout-puissant, rappelle-nous toujours que personne ne peut nous faire du mal, sans se nuire mille fois plus à tes yeux. Fais que nous soyons ainsi portés à pardonner plutôt qu'à frapper, à prendre en pitié plutôt qu'en haine.

Enseigne-nous, ô Père, à ne pas nous confiner en nous-même ou en nos belles entreprises, mais à tout attendre de ton infatigable bonté. Que la tristesse de vivre, souvent en désaccord avec ta volonté, ne nous submerge pas, mais plutôt que ta miséricorde s'étende à toute notre vie et la fertilise.

Ô mon Dieu, et mon Père, je suis déconcerté et bouleversé par le péché qui m'empoisonne la vie et qui m'empêche de mener une existence qui te plaise. Garde-moi, ô bon Père, et aide-moi. Accorde-moi de ne pas céder au mal.

Dieu tout-puissant, fais qu'aucun de nous ne recherche son propre avantage au détriment du bonheur de son prochain. Accorde-nous de rejeter toute haine et tout esprit de discorde, pour vivre ensemble comme de vrais enfants de Dieu disant en parfaite amitié non pas « mon Père » mais « notre Père ».

Martin Luther

## *Veni, creator Spiritus*
## Viens, Esprit créateur

*Veni, creator Spiritus,*
*Mentes tuorum visita,*
*Imple superna gratia*
*Quae tu creasti pectora.*

*Qui diceris Paraclitus,*
*Altissimi donum Dei.*
*Fons vivus, ignis, caritas*
*Et spiritalis unctio.*

*Tu septiformis munere,*
*Digitus paternae dexterae.*
*Tu rite promissum Patris,*
*Sermone ditans guttura.*

*Accende lumen sensibus*
*Infunde amorem cordibus,*
*Infirma nostri corporis*
*Virtute firmans perpeti.*

*Hostem repellas longius*
*Pacemque dones protinius ;*
*Ductore sic te praevio*
*Vitemus omne noxium.*

*Per te sciamus da Patrem,*
*Noscamus atque Filium ;*
*Teque utriusque Spiritum*
*Credamus omni tempore.*

*Deo Patri sit gloria,*
*Et Filio, qui a mortuis*
*Surrexit, ac Paraclito*
*In saeculorum saecula.*

Viens, Esprit créateur,
Visite l'âme de Tes fidèles,
emplis de la grâce d'en haut
les cœurs que Tu as créés.

Toi qu'on appelle Conseiller,
Don du Dieu Très Haut,
Source vive, Feu, Charité,
Invisible Consécration.

Tu es l'Esprit aux sept Dons,
Le doigt de la main du Père,
L'Esprit de Vérité promis par le Père,
C'est toi qui inspires nos paroles.

Allume en nous Ta flamme,
emplis d'Amour nos cœurs,
affermis toujours de ta force,
la faiblesse de nos corps,

Repousse l'Adversaire au loin,
donne-nous Ta paix sans retard,
pour que sous Ta conduite et Ton conseil,
nous évitions tout mal et toute erreur.

Fais-nous connaître le Père,
révèle-nous le Fils,
et Toi, leur commun Esprit,
fais-nous toujours croire en Toi.

Gloire soit à Dieu le Père,
au Fils ressuscité des morts,
et à l'Esprit-Saint consolateur
maintenant et toujours et dans tous les siècles.

## Prenez, Seigneur

Prenez dans vos mains, Seigneur,
et tout ce dont je dispose,
Toutes les facultés de mon âme
mon intelligence,
ma volonté,
mon cœur,
mes aspirations et mes forces physiques.

Tout ce que j'ai,
C'est vous qui me l'avez donné.
Je vous le rends bien volontiers,
Je le mets entièrement à votre disposition
afin de collaborer avec Vous
Au salut de mes frères.

Donnez-moi seulement votre amour et votre grâce,
et je serai assez riche,
Et je ne désirerai rien de plus.

Ignace de Loyola (1491-1556)

## Seigneur, apprenez-nous...

Seigneur Jésus,
apprenez-nous à être généreux,
à vous aimer comme vous le méritez,
à donner sans compter,
à combattre sans souci des blessures,
à travailler sans chercher le repos,
à nous dépenser sans attendre d'autre récompense que celle
[de savoir
que nous faisons votre Sainte Volonté.
Amen.

Attribué à Ignace de Loyola

## Prière pour transmettre la foi

Accorde-nous par le don de la foi
Dans les actes, la doctrine,
Et dans le témoignage
De montrer notre foi
Par toutes nos actions et notre vie,
En accomplissant
Ce que la foi commande de faire,
En fuyant ce qu'elle impose de fuir,
En espérant ce qu'elle propose d'étudier,
Et ainsi de toutes les autres choses.
De plus, nous parlerons
Et nous enseignerons aux autres
La vraie foi,
Et tout ce qui lui est conforme.
Nous ne rougirons jamais
Ni ne craindrons pas notre foi
Et tout ce qui la concerne,
La professant ouvertement
À tous les adversaires de la foi.

Jean-Michel de Vesly († 1600)

## Prière du soir

Seigneur Dieu, puisqu'il t'a plu de créer la nuit pour le repos de l'homme, comme tu as ordonné le jour pour son travail, veuille accorder à mon corps une nuit de repos, où mon âme s'élève à toi et où mon cœur soit rempli de ton amour.

Apprends-moi, ô Dieu, à te confier tous mes soucis terrestres et à me souvenir sans cesse de ta miséricorde, afin que mon âme puisse, elle aussi, jouir du repos spirituel. Fais que mon sommeil ne soit pas excessif, mais qu'il serve à réparer mes forces, pour que je sois plus disposé à te servir. Qu'il te plaise également de me conserver pur dans mon corps et dans mon esprit, me préservant de toutes tentations et de tout danger afin que mon sommeil lui-même soit à la gloire de ton nom.

Et puisque ce jour ne s'est point écoulé sans que je ne t'aie offensé en plusieurs manières, moi qui suis un pauvre pécheur, veuille, ô Dieu, de même que tu caches maintenant toutes choses dans les ténèbres de la nuit, ensevelir aussi tous mes péchés, selon ta miséricorde, afin que je ne sois pas éloigné de ta face.
Exauce-moi, mon Dieu, mon Père, mon Sauveur, au nom de Jésus-Christ, ton Fils bien-aimé. Amen

Jean Calvin (1509-1564)

## Je suis à vous

Je suis vôtre, puisque vous m'avez créée,
Vôtre, puisque vous m'avez rachetée,
Vôtre, puisque vous m'avez supportée,
Vôtre, puisque vous m'avez appelée,
Vôtre, puisque vous m'avez attendue,
Vôtre, puisque je ne me suis pas perdue,
Qu'ordonnez-vous qu'il soit fait de moi ?

Qu'ordonnez-vous donc, bon Seigneur,
Que fasse un si vil serviteur ?
Quelle fonction avez-vous donné
À cet esclave pécheur ?
Vous me voyez ici, mon doux Amour,
Amour doux, vous me voyez ici.
Qu'ordonnez-vous qu'il soit fait de moi ?

Vous voyez ici mon cœur,
Je dépose sur la paume de votre main
Mon corps, ma vie et mon âme,
Mes entrailles et mes affections ;
Doux époux, ma rédemption
Puisque je me suis offerte à vous
Qu'ordonnez-vous qu'il soit fait de moi ?

Donnez-moi la mort, donnez-moi la vie :
Donnez-moi santé ou maladie,
Honneur ou déshonneur, donnez-moi ;
Donnez-moi la guerre, ou une paix accrue,
La faiblesse, ou la force accomplie,
Puisque à tout je dis oui.
Qu'ordonnez-vous qu'il soit fait de moi ?

Donnez-moi la richesse ou la pauvreté,
Donnez consolation ou désolation,
Donnez-moi allégresse ou tristesse,
Donnez-moi l'enfer, ou donnez-moi le ciel.
Douce vie, soleil sans voile,
Puisque je me suis rendue à merci,
Qu'ordonnez-vous qu'il soit fait de moi ?

Si vous le voulez, donnez-moi l'oraison,
Sinon, donnez moi la sécheresse,
L'abondance et la dévotion,
Sinon, la stérilité.
Souveraine majesté,
Je ne trouve la paix qu'ici,
Qu'ordonnez-vous qu'il soit fait de moi ?

Si vous voulez mon repos,
Je veux, par amour, me reposer,
Si vous m'ordonnez de travailler,
Je veux mourir en travaillant
Dites-moi où, comment et quand ?

Dites, doux amour, dites
Qu'ordonnez-vous qu'il soit fait de moi ?

Thérèse d'Avila (1515-1582)

## Je meurs de ne pas mourir

Et je vis sans vivre en moi.
Et de telle manière espère,
Que je meurs de ne pas mourir
En moi-même je ne vis plus,
Et vivre sans Toi je ne puis.
Ce vivre, que sera-t-il ?
Est-ce donc mourir ou vivre ?
Mille morts seraient la vie
Hors du suprême désir.
Je meurs de ne pas mourir.

Cette vie où je crois vivre,
Où j'agonise sans Toi,
Est la mort qui va me suivre
Jusqu'à ce que je Te voie.
Écoute, Seigneur, la voix,
Les plaintes de mon désir !
Je meurs de ne pas mourir.

Étant si loin, si loin de Toi,
Quelle vie puis-je avoir,
Sinon souffrir la mort ?
Sans mourir et sans renaître ?
Seigneur, j'ai pitié de moi,
J'ai pitié de mon désir.
Je meurs de ne pas mourir.

Le poisson sorti de l'eau
Voit la fin de sa misère :
La mort qu'il subit lui vaut
La Mort, une mort plénière.
Moi je vis dans la douleur.

Quand j'adore Ton image
Dans le Très Saint Sacrement,
Ton regard ne me soulage
Que pour creuser mon tourment.
La chair dressant ses barrages
Sur les flots de mon désir,
Je meurs de ne pas mourir.

Si j'exulte d'allégresse
À ta présence, Seigneur,
De ne pas Te voir sans cesse
Se décuple ma douleur.
Vivant ainsi dans la peur
En espérant comme j'espère,
Je meurs de ne pas mourir.

Ah ! sors-moi de cette mort,
Seigneur, donne-moi la vie !
Ouvre Ta source aux ferveurs
De ma soif inassouvie !
Je meurs d'espoir, de remords,
Et de crainte, et de désir.
Je meurs de ne pas mourir.

Je redouterai la mort,
Et je pleurerai sur ma vie
Tant qu'elle sera flétrie
Par des péchés sans remords.
Quand luira, Seigneur, le jour
Où je pourrai dire : « Amour,
Je vis de vivre toujours » ?
Qui n'a ni nuit ni lumière,
Car je vis plus que je meurs.

Jean de la Croix (1542-1591)

## Cantique spirituel

Où t'es-tu caché, mon Aimé,
Me laissant gémissante ?
Comme le cerf tu t'es enfui,
M'ayant blessée ;
En clamant t'ai suivi et tu étais parti.

Bergers qui vous en irez
Aux bergeries, sur la colline,
Si d'aventure vous voyez
Celui que moi j'aime le plus,
Dites-lui que j'ai mal, souffre et meurs.

Cherchant mes amours,
J'irai par ces monts et rivages,
Ne cueillerai les fleurs,
Ni ne craindrai les fauves,
Et passerai les forts et les frontières.

Ô forêts et bosquets
Plantés par la main de l'Aimé !
Ô pré de verdure,
De fleurs émaillé,
Dites s'il est passé par vous !

Répandant mille grâces,
En hâte il est passé par ces bocages,

Les allant regardant,
Par sa seule figure
Vêtus les a laissés de sa beauté.

Hélas, qui pourra me guérir !
Livre-toi enfin pour de vrai ;
Renonce à m'envoyer
Désormais d'autres messagers,
Qui ne savent me dire ce que je veux.

Et tous ceux-là qui rôdent,
Me vont de toi relatant mille grâces,
Et tous me blessent plus,
Et me laisse mourante,
Je ne sais quoi qu'ils vont balbutiant.

Mais comment persévères-tu,
Ô vie, ne vivant où tu vis,
Et tournant à ta mort
Les flèches que tu reçois
De ce qu'en toi de l'Aimé tu conçois ?

Pourquoi, puisque tu as blessé
Ce cœur, ne l'as-tu pas guéri ?
Et me l'ayant volé,
Pourquoi le laissas-tu ainsi,
Sans emporter le vol que tu volas ?

Éteins mes tourments,
Et que te voient mes yeux,

Puisque nul ne sait les réduire,
Car tu es leur lumière,
Et je ne veux que pour toi les avoir.

Ô source de cristal,
Sur ta face d'argent,
Si tu formais soudain
Les yeux désirés,
Qui sont gravés dans mes entrailles !

Ami, détourne-les,
Voici que je m'envole.
[…]
Mon Aimé, les montagnes,
Les vais ombreux et solitaires,
Les îles inouïes,
Les rivières sonores,
Le sifflement des vents énamourés,

La nuit tranquille,
Proche du lever de l'aurore,
La musique tacite,
La solitude sonore,
La cène qui recrée et inspire l'amour.

Notre lit fleuri,
De cavernes de lions enlacé,
De pourpre tendu,
De paix édifié,
De mille écus d'or couronné.

Lancées sur tes traces,
Les jeunes filles courent sur le chemin,
Brûlées par l'étincelle,
Par le vin capricieux,
Où s'exhale un baume divin.

Dans la cave intérieure
De mon Ami j'ai bu, et quand je suis sortie,
Sur toute cette plaine,
Chose ne savais plus,
Et perdis le troupeau que je suivais naguère.

Là me donna son cœur,
Là m'enseigna science très savoureuse,
Et moi me suis donnée
À lui, sans rien garder,
Là lui promis d'être son épousée.

Mon âme est employée,
Et tout mon bien, à son service :
Plus ne garde troupeau,
Et plus n'ai d'autre office,
Car tout mon exercice est seulement d'aimer.

Jean de la Croix

## Prière de l'âme

Miens sont les cieux et mienne est la terre,
Et miens sont les peuples ;
Les justes sont miens et miens les pécheurs ;
Les anges sont miens,
Et la Mère de Dieu et toutes les choses sont miennes,
Et Dieu même est mien et pour moi,
Parce que le Christ est mien et tout entier pour moi.

Que demandes-tu et que cherches-tu donc, mon âme ?
Tien est tout cela et tout est pour toi.
Ne t'estime pas moindre.
Ne t'arrête pas aux miettes qui tombent de la table de
[ton Père.

Sors au-dehors et glorifie-toi en ta gloire.
Cache-toi en elle et sois dans la joie
Et tu obtiendras ce que ton cœur demande.

Jean de la Croix

# Prière de repentir

Seigneur de mon amour, auquel en vasselage
Ton mérite a si fort mes devoirs asservi,
Je dépêche vers toi ces lignes comme gage
De mes devoirs, et non pour afficher mon esprit :
Devoirs si grands qu'esprit comme le mien, stérile,
Manque à trouver les mots qui les puissent parer ;
Mais j'espère en ton cœur que quelque trait habile
Saura les enrichir, couvrant leur nudité.
Quand l'astre, quel qu'il soit, qui pour me guider brille,
Me touchant de sa grâce, embellira mes traits
Et, vêtant d'apparat mon amour en guenilles,
D'un service si doux me fera signe assez,
Combien je t'aime, alors, j'oserai proclamer,
Mais te fuis, jusque-là, craignant d'être éprouvé.

William Shakespeare (1564-1616)

## Qui me donnera...

Qui me donnera la grâce que je puisse en quelque façon donner allégement à mon Sauveur affligé ?
Que ne m'est-il loisible de prendre mes habits les plus précieux pour couvrir votre nudité ?
Que n'ai-je du baume excellent pour en oindre vos plaies ?
Que ne suis-je près de vous sur la croix pour soutenir votre corps entre mes bras, afin que la pesanteur ne déchire pas si fort les plaies de vos pieds et de vos mains ?
Mais surtout, que ne puis-je empêcher les pécheurs de tant offenser votre cœur.
Mais, Seigneur, pourquoi m'amusé-je à ces désirs, desquels je n'ai pas la force d'en pratiquer un seul !
Comment vous donnerais-je mes habits précieux, moi qui n'en donnai jamais un vil et usé à vos pauvres ?
Sur la croix, vous ne me les demandez pas et je vous les offre ; en vos pauvres, vous me les demandez et je les refuse.
Ô vaines et misérables offres qui ne sont qu'en apparence, et en effet ne sont que moqueries.
Comment répandrais-je du baume sur vos plaies, puisque je ne répandis jamais un verre d'eau pour vos pauvres ?
Comment voudrais-je vous supporter en croix, puisque je ne fuis jamais rien tant que les croix ?

Mon iniquité est donc bien grande ? ô que je suis misérable de m'y être si souvent abîmé !

Ô Seigneur, qui me délivrera de ce labyrinthe si ce n'est vous ?
Pour me délivrer de l'enfer et me délivrer de perdition, hélas, Seigneur, que vous souffrez !
Et moi, misérable, que je souffre pour m'y engager ! Tout ce que j'ai souffert jusqu'à présent n'a été qu'à ma perte.
Non, vous me voulez sauver, Seigneur, que votre volonté soit faite !

François de Sales (1567-1622)

## Jusqu'à la lumière divine

Après avoir parlé des œuvres du Créateur, il ne me reste plus qu'à détourner mes yeux et mes mains du tableau des démonstrations, pour les élever vers le ciel, pour adresser mon humble prière à l'Auteur de toute lumière :

Ô toi qui, par les lumières sublimes que tu as répandues sur toute la nature, élèves notre aspiration jusqu'à la lumière divine de ta grâce, afin de nous transférer par celle-ci dans la lumière de ta gloire. Je te rends grâces, Seigneur et Créateur, de ce que Tu m'as réjoui dans la contemplation de vos créatures et de ce qu'il m'a été donné de tressaillir en voyant de l'œuvre de tes mains.

Voilà que j'ai terminé ce livre qui contient le fruit de mes travaux après y avoir employé toutes les forces que tu m'as données. J'ai manifesté aux hommes qui liront ces démonstrations toute la grandeur de tes œuvres, autant que mon esprit fini m'a permis d'en embrasser l'étendue infinie.

J'ai fait tous mes efforts pour m'élever jusqu'à la vérité par les voies de la philosophie ; et, s'il m'était arrivé de dire quelque chose d'indigne de ta sagesse, à moi misérable vermisseau, nourri et conçu dans le péché, éclaire-moi afin que je le corrige. Et la beauté de tes œuvres m'a inspiré de la témérité, ou si, avant dans l'études des ouvrages destinés à procurer ta gloire, j'ai cherché ma propre gloire auprès des hommes, ô toi Dieu clément et plein de miséricorde, pardonne-moi. Et daigne faire que ces démonstrations contribuent à ta gloire et au salut des âmes.

Johannes Kepler (1571-1630)

## Les œuvres de tes mains

Grand est notre Dieu, grande est sa puissance,
et sa Sagesse est infinie.
Cieux, louez-le.
Louez-le, soleil, lune et planètes,
dans la langue qui vous est donnée
pour louer votre Créateur.

Et toi aussi, mon âme, chante,
chante tant que tu peux l'honneur du Seigneur.

De Lui, par Lui sont toutes choses,
celles qui nous sont encore inconnues
et celles que nous connaissons.

À Lui Louange, Honneur et Gloire
dans les siècles des siècles.

Johannes Kepler

## Tandis que Dieu sera Dieu, Dieu sera homme

Béni soyez-vous, ô grand Dieu, Dieu des dieux, Roi
[de gloire,
D'avoir voulu ainsi abaisser vos grandeurs à la terre
Et joindre de si près votre divinité à notre humanité !

Béni soyez-vous encore, Dieu éternel et incompréhensible
En votre bonté, en votre sagesse et en votre amour,
De l'avoir fait pour un jamais !
Car, tandis que Dieu sera Dieu, Dieu sera homme.
Et béni soyez-vous, à jamais, d'avoir fait ce grand œuvre
[pour nous,
Et de vous être fait homme pour l'homme !

Puisque vous daignez ainsi nous donner une si grande part
[à vos grandeurs
Et au secret de votre amour,
En un si grand ouvrage,
Prenons part avec vous,
Entrons dans vos desseins, dans vos intérêts et dans vos
[sentiments,
Soyons vôtres totalement,
Et totalement vôtres pour jamais.

Pierre de Bérulle (1575-1629)

## Pour demander l'humilité

Sauveur de mon âme, remplissez-nous de ces affections qui vous ont si fort humilié, de ces affections qui vous ont fait préférer l'abaissement à la louange, et de ces affections qui vous ont fait chercher la gloire de votre Père dans votre propre confusion. Que nous commencions dès à présent à rejeter tout ce qui ne va pas à votre honneur et à notre mépris, tout ce qui sent la vanité, l'ostentation et la propre estime ; que nous tâchions de faire désormais des actes d'une vraie humilité ; que nous renoncions une bonne fois pour toutes à l'applaudissement des hommes trompés et trompeurs, à la vaine imagination du bon succès de nos œuvres ; et enfin, mon Seigneur, que nous apprenions à être véritablement humbles de cœur, par votre grâce et par votre exemple.

Vincent de Paul (1581-1660)

## L'amour brûlant

Que la terre se taise et que l'homme en silence
Écoute mon propos et que son cœur y pense.
Et toi, puisqu'à tes feux je fournis tant de bois,
Amour, donne ton souffle aux accents de ma voix.
Soudain que les rayons de la beauté première
Ont jeté dedans l'Âme un excès de lumière,
Ramassant en un point ce qu'elle a de chaleur,
Elle fait un brasier au centre de son cœur.
La flamme ayant gagné – la chair déjà vaincue,
Et sous les pieds d'Amour si souvent abattue,
Passe devant l'Esprit qu'elle va saisissant,
Et jusqu'au plus profond par ses traits ravissant,
Ravage tous les sens, s'empare des puissances,
Ôte de tout le mal les fortes résistances,
Envahit la raison, échauffe les esprits,
Rend tout le corps soumis et les membres surpris,
Sans laisser ni le sang ni rien dans les artères
Qui ne soit pénétré de ses ardeurs sincères ;
Met enfin dans le cœur un feu bien allumé
Et fait régner en l'homme un amour enflammé.
[…]
Mais ce qu'il faut ici plus que tout admirer,
C'est que le plus haut point où l'on puisse aspirer,
Ce beau lit nuptial où l'Époux se repose,
En qui la majesté de Dieu même est enclose,

Est dedans ce grand feu, dans ce vaste brasier
Qui fait plus en grandeur que tout le monde entier.
C'est là que s'accomplit le Divin Mariage
De l'Âme avec son Dieu, c'est là qu'elle s'engage
À lui pour un jamais et que plus hautement
Elle est unie à lui d'un saint embrassement.
La vertu plus exacte en fait l'Épithalame.
Là sont les biens du Ciel pour enrichir cette Âme ;
Mais las ! que disons-nous ? Muse, c'est trop parlé
C'est un secret du Ciel qui doit être celé.

Jean-Joseph Surin (1600-1665)

## Je vous salue, Marie

Je vous salue, Marie, Fille de Dieu le Père,
Je vous salue, Marie, Mère de Dieu le Fils,
Je vous salue, Marie, Épouse du Saint-Esprit.
Je vous salue, Marie, Temple de toute la Divinité.
Je vous salue, Marie, Lys blanc de la resplendissante et [toujours immuable Trinité.
Je vous salue, Marie, Rose éclatante d'un charme céleste.
Je vous salue, Marie, Vierge des Vierges, Vierge fidèle
dont le Roi des cieux a voulu naître, et dont il a daigné [être nourri.
Je vous salue, Marie, Reine des martyrs, dont l'âme a été [transpercée d'un glaive de douleur.
Je vous salue, Marie, Souveraine de l'univers, à qui toute [puissance a été donnée au ciel et sur la terre.
Je vous salue, Marie, Reine de mon cœur, ma Mère, ma vie, [ma joie et mon espérance très chère.
Je vous salue, Marie, Mère aimable.
Je vous salue, Marie, Mère admirable.
Je vous salue, Marie, Mère de miséricorde.
Vous êtes pleine de grâce, le Seigneur est avec vous,
Vous êtes bénie entre toutes les femmes,
Et béni soit le fruit de vos entrailles, Jésus.
Et béni soit votre époux, saint Joseph.
Et béni soit votre père, saint Joachim.
Et béni soit votre mère, sainte Anne.

Et béni soit votre fils, saint Jean.
Et béni soit votre ange, saint Gabriel.
Et béni soit le Père éternel, qui vous a choisie.
Et béni soit le Fils, qui vous a aimée.
Et béni soit le Saint-Esprit, qui vous a épousée.
Et bénis soient à jamais tous ceux qui vous bénissent et
[qui vous aiment.
Que la Vierge Marie nous bénisse avec son tendre Fils.
Amen.

Jean Eudes (1601-1680)

# Parle, Seigneur

Parle, parle, Seigneur, ton serviteur écoute :
Je dis ton serviteur, car enfin je le suis ;
Je le suis, je veux l'être, et marcher dans ta route
Et les jours et les nuits.
Remplis-moi d'un esprit qui me fasse comprendre
Ce qu'ordonnent de moi tes saintes volontés,
Et réduis mes désirs au seul désir d'entendre
Tes hautes vérités.
Mais désarme d'éclairs ta divine éloquence,
Fais-la couler sans bruit au milieu de mon cœur,
Qu'elle ait de la rosée et la vive abondance
Et l'aimable douceur.
Parle donc, ô mon Dieu ! ton serviteur fidèle
Pour écouter ta voix réunit tous ses sens,
Et trouve les douceurs de la vie éternelle
En ses divins accents.
Parle, pour consoler mon âme inquiétée ;
Parle, pour la conduire à quelque amendement ;
Parle, afin que ta gloire ainsi plus exaltée
Croisse éternellement.

*L'Imitation de Jésus-Christ*

## Quand j'irai chez les morts

J'eus part à ton passage : en perdras-Tu le fruit ?
Veux-Tu me condamner à l'éternelle nuit,
Moi pour qui ta bonté fit cet effort insigne ?
Tu ne t'es reposé que las de me chercher ;
Tu n'as souffert la croix que pour me rendre digne
D'un bonheur qui me puisse à toi-même attacher.

Tu pourrais aisément me perdre et te venger.
Ne le fais point, Seigneur ; viens plutôt soulager
Le faix sous qui je sens que mon âme succombe.
Assure mon salut, dès ce monde incertain ;
Empêche malgré moi que mon cœur ne retombe,
Et ne te force enfin de retirer ta main.

Avant le jour du compte efface entier le mien.
L'illustre pécheresse, en présentant le sien,
Se fit remettre tout par son amour extrême ;
Le larron te priant fut écouté de toi.
La prière et l'amour ont un charme suprême.
Tu m'as fait espérer même grâce pour moi.

Je rougis, il est vrai, de cet espoir flatteur ;
La honte de me voir, infidèle et menteur,
Ainsi que mon péché, se lit sur mon visage :
J'insiste, toutefois, et n'aurai point cessé

Que ta bonté, mettant toute chose en usage,
N'éclate en ma faveur et ne m'ait exaucé.

Fais qu'on me place à droite au nombre des brebis ;
Sépare-moi des boucs réprouvés et maudits.
Tu vois mon cœur contrit et mon humble prière ;
Fais-moi persévérer dans ce juste remords ;
Je te laisse le soin de mon heure dernière,
Ne m'abandonne pas quand j'irai chez les morts.

Jean de la Fontaine (1621-1695)

## Dieu d'Abraham, d'Isaac et de Jacob

L'an de grâce 1654,
Lundi, 23 novembre, jour de saint Clément, pape et martyr, et autres au martyrologe.
Veille de saint Chrysogone, martyr, et autres,
Depuis environ dix heures et demie du soir jusques environ minuit et demie,
FEU.
« Dieu d'Abraham, Dieu d'Isaac, Dieu de Jacob »
non des philosophes et des savants.
Certitude. Certitude. Sentiment. Joie. Paix.
Dieu de Jésus-Christ.
*Deum meum et Deum vestrum.*
« Ton Dieu sera mon Dieu. »
Oubli du monde et de tout, hormis Dieu.
Il ne se trouve que par les voies enseignées dans l'Évangile.
Grandeur de l'âme humaine.
« Père juste, le monde ne t'a point connu, mais je t'ai connu. »
Joie, joie, joie, pleurs de joie.
Je m'en suis séparé :
*Dereliquerunt me fontem aquae vivae.*
« Mon Dieu, me quitterez-vous ? »
Que je n'en sois pas séparé éternellement.

« Cette vie est la vie éternelle, qu'ils te connaissent seul vrai Dieu, et celui que tu as envoyé, Jésus-Christ. »
Jésus-Christ.
Jésus-Christ.
Je m'en suis séparé ; je l'ai fui, renoncé, crucifié.
Que je n'en sois jamais séparé.
Il ne se conserve que par les voies enseignées dans l'Évangile :
Renonciation totale et douce.
Soumission totale à Jésus-Christ et à mon directeur.
Éternellement en joie pour un jour d'exercice sur la terre.
*Non obliviscar sermones tuos.* Amen.

Blaise Pascal (1623-1662)

## À qui crierai-je, Seigneur ?

À qui crierai-je Seigneur, à qui aurai-je recours, si ce n'est à vous ? Tout ce qui n'est pas Dieu ne peut pas remplir mon attente. C'est Dieu même que je demande et que je cherche ; et c'est à vous seul, mon Dieu, que je m'adresse pour vous obtenir. Ouvrez mon cœur, Seigneur ; entrez dans cette place rebelle que les vices ont occupée. Ils la tiennent sujette ; entrez-y comme dans la maison du fort ; mais liez auparavant le fort et puissant ennemi qui la maîtrise et prenez ensuite les trésors qui y sont. Seigneur, prenez mes affections que le monde avait volées ; volez vous-même ce trésor, ou plutôt reprenez-le, puisque c'est à vous qu'il appartient, comme un tribut que je vous dois, puisque votre image y est empreinte Vous l'y aviez formée, Seigneur, au moment de mon baptême, qui est ma seconde naissance ; mais elle est tout effacée. L'idée du monde y est tellement gravée, que la vôtre n'est plus connaissable. Vous seul avez pu créer mon âme : vous seul pouvez la créer de nouveau ; vous seul y avez pu former votre image : vous seul pouvez la reformer et y réimprimer votre portrait effacé, c'est-à-dire Jésus-Christ qui est votre image et le caractère de votre substance.

Blaise Pascal

## Le silence est votre louange

Dieu puissant, je me tais en ta sainte présence
Je n'ose respirer, et mon âme en silence
Admire la hauteur de ton nom glorieux.
Que dirais-je ? Abîmés de cette mer profonde
Pendant qu'à l'infini ta clarté nous inonde,
Pouvons-nous seulement ouvrir nos faibles yeux ?

Si je veux commencer à chanter tes divines louanges
Et que, déjà mêlé parmi les chœurs des anges,
Ma voix dans un cantique ose se déployer,
Dès que pour l'entonner, ma langue se dénoue,
Je sens sortir un chant que mon cœur désavoue
Et ma tremblante voix ne fait que bégayer.

Changement merveilleux : accablé de ta gloire
De tout langage humain j'ai perdu la mémoire ;
Interdit, éperdu, je n'articule plus :
A, a, a mon discours n'a ni force ni suite ;
À des cris enfantins, ma parole est réduite
Et pour tout entretien n'a que des sons confus.
Plus je pousse vers toi ma sublime pensée,
Plus de ta majesté je la sens surpassée,
Se confondre elle-même et tomber sans retour :
Je t'approche en tremblant, lumière inaccessible ;
Et sans voir dans son fond l'Être incompréhensible,
Et mon œil éperdu ne trouve point de jour.

Cessez : qu'espérez-vous de vos incertitudes,
Vains pensers, vains efforts, inutiles études ?
C'est assez qu'il ait dit : « Je suis Celui qui suis. »
Il est tout, il n'est rien de tout ce que je pense.
Adorateur soumis par la foi, je commence,
Et sans plus raisonner en amant je poursuis.

Éternel trois fois saint, seul connu de toi-même,
Puissant moteur des cœurs, mon Dieu, fais que je t'aime.
Mais, quand à tes attraits je me serai rendu,
Tu ne seras jamais autant aimé qu'aimable ;
Et seul, dans nos esprits, ton Esprit adorable
D'un ineffable amour a le don répandu.

Descends, divin Esprit, pure et céleste flamme,
Invincible onction qu'en secret je réclame.
Et toi qui le produis dans l'éternel séjour,
Accorde ta présence à mon âme impuissante,
Fais-en, car tu le peux, une fidèle amante
Et qu'elle aime sans borne un Dieu qui n'est qu'amour.

Jacques Bénigne Bossuet (1627-1704)

## Seigneur,
## vous n'oubliez pas mes affaires

Seigneur, vous n'oublierez pas mes affaires si je fais les vôtres.
Vous ne les avez pas oubliées dans le temps même que je ne faisais ni les miennes, ni les vôtres ; dans le temps même que je ruinais mes affaires et que je retardais les vôtres.
Combien de fois ai-je renversé ce que vous aviez édifié !
Combien de fois ai-je profané ce que vous aviez sanctifié !
J'ai retardé tant de fois l'accomplissement de votre ouvrage.
Me voici en votre présence conscient des maux que j'ai causés.
Je suis entre vos mains comme un instrument prêt à suivre tous vos mouvements. Apprenez-moi à réparer les désordres, faites-moi l'honneur de m'employer aux offices de votre maison. Animez-moi de votre esprit, éclairez-moi et fortifiez-moi.

Nicolas Malebranche (1638-1715)

# Plaintes d'un chrétien sur les contrariétés qu'il éprouve au-dedans de lui-même

Mon Dieu, quelle guerre cruelle !
Je trouve deux hommes en moi :
L'un veut que, plein d'amour pour toi,
Mon cœur te soit toujours fidèle ;
L'autre, à tes volontés rebelle,
Me révolte contre ta loi.
L'un, tout esprit et tout céleste,
Veut qu'au ciel sans cesse attaché,
Et des biens éternels touché,
Je compte pour rien tout le reste ;
Et l'autre, par son poids funeste,
Me tient vers la terre penché.
Hélas ! en guerre avec moi-même,
Où pourrai-je trouver la paix ?
Je veux, et n'accomplis jamais.
Je veux, mais, ô misère extrême !
Je ne fais pas le bien que j'aime,
Et je fais le mal que je hais.
Ô grâce, ô rayon salutaire !
Viens me mettre avec moi d'accord,
Et, domptant par un doux effort
Cet homme qui t'est si contraire,
Fais ton esclave volontaire
De cet esclave de la mort.

Jean Racine (1639-1699)

# Hymne pour le mercredi à Laudes

Sombre nuit, aveugles ténèbres,
Fuyez : le jour s'approche et l'Olympe blanchit ;
Et vous démons, rentrez dans vos prisons funèbres :
De votre empire affreux un Dieu nous affranchit.

Le soleil perce l'ombre obscure ;
Et les traits éclatants qu'il lance dans les airs,
Rompant le voile épais qui couvrait la nature,
Redonnent la couleur et l'âme à l'univers.

Ô Christ, notre unique lumière,
Nous ne reconnaissons que tes saintes clartés.
Notre esprit t'est soumis ; entends notre prière,
Et sous ton divin joug range nos volontés.

Souvent notre âme criminelle,
Sur sa fausse vertu, téméraire s'endort ;
Hâte-toi d'éclairer, ô lumière éternelle,
Des malheureux assis dans l'ombre de la mort.

Gloire à Toi, Trinité profonde,
Père, Fils, Esprit-Saint : qu'on t'adore toujours,
Tant que l'astre des temps éclairera le monde,
Et quand les siècles même auront fini leur cours.

Jean Racine

# Prière

Ô mon Dieu ! Si tant d'hommes ne vous découvrent point dans ce beau spectacle que vous leur donnez de la nature entière, ce n'est pas que vous soyez loin de chacun de nous. […] Vous vous montrez partout, et partout les hommes distraits négligent de vous apercevoir. Toute la nature parle de vous, et retentit de votre saint nom ; mais elle parle à des sourds, dont la surdité vient de ce qu'ils s'étourdissent eux-mêmes. Vous êtes auprès d'eux, et au-dedans d'eux ; mais ils sont fugitifs et errants hors d'eux-mêmes, loin de leur propre cœur. Ils vous trouveraient, ô douce lumière, ô éternelle beauté, toujours ancienne et toujours nouvelle, ô fontaine des chastes délices, ô vie pure et bienheureuse de tous ceux qui vivent véritablement, s'ils vous cherchaient au-dedans d'eux-mêmes. Mais les impies ne vous perdent qu'en se perdant. Hélas ! Vos dons, qui leur montrent la main d'où ils viennent, les amusent jusqu'à les empêcher de voir : ils vivent de vous, et ils vivent sans penser à vous : ou plutôt ils meurent auprès de la vie, faute de s'en nourrir ; car quelle mort n'est-ce point de vous ignorer ?
[…]
Si vous n'étiez donc qu'un être grossier, fragile et inanimé, qu'une masse sans vertu, qu'une ombre de l'être, votre nature vaine occuperait leur vanité. Vous seriez un objet proportionné à leurs pensées basses et brutales : mais parce que vous êtes trop au-dedans d'eux-mêmes, où ils ne

rentrent jamais, vous leur êtes un Dieu caché ; car ce fond intime d'eux-mêmes, est le lieu le plus éloigné de leur vue, dans l'égarement où ils sont. L'ordre et la beauté que vous répandez sur la face de vos créatures sont comme un voile qui vous dérobe à leurs yeux malades. Quoi donc ? La lumière qui devrait les éclairer est aveugle ; et les rayons du soleil même empêchent qu'ils ne l'apercevraient ?

Enfin, parce que vous êtes une vérité trop haute et trop pure pour passer par les sens grossiers, les hommes rendus semblables aux bêtes ne peuvent vous concevoir ; comme si l'homme ne connaissait pas tous les jours la sagesse et la vertu, dont aucun de ses sens néanmoins ne peut lui rendre témoignage, car elles n'ont ni son, ni couleur, ni odeur, ni figure, ni aucune qualité sensible. Pourquoi donc ? Pourquoi donc, ô mon Dieu ! douter plutôt de vous que de ces autres choses, très réelles et très manifestes, dont on suppose la vérité certaine dans toutes les affaires les plus sérieuses de la vie, et lesquelles, aussi bien que vous, échappent à nos faibles sens ? Ô misère ! ô nuit affreuse qui enveloppe les enfants d'Adam : ô monstrueuse stupidité ! ô renversement de tout l'homme ! L'homme n'a des yeux que pour voir des ombres et la vérité lui paraît un fantôme : ce qui n'est rien est tout pour lui ; ce qui est tout ne lui semble rien ? Que vois-je dans toute la nature ? Dieu partout, et encore Dieu seul !

François Fénelon (1651-1715)

## Ô Esprit, Ô Amour

Ô Esprit, Ô Amour ! Ô Vérité de mon Dieu ! Ô Amour lumière !
Ô Amour qui enseignez l'âme sans parler, qui faites tout entendre sans rien dire, qui ne demandez rien à l'âme et qui l'entraînez par le silence à tout sacrifice !

Ô Amour qui dégoûtez de tout autre amour, qui faites qu'on se hait, qu'on s'oublie, qu'on s'abandonne ! Ô Amour qui coulez au travers du cœur, comme la fontaine de vie, qui pourra Vous connaître sinon celui en qui Vous serez ? Taisez-vous, hommes aveugles ; l'amour n'est point en vous. Vous ne savez ce que vous dites : vous ne voyez rien, vous n'entendez rien. Le vrai Docteur ne vous a jamais enseignés.

C'est Lui qui rassasie l'âme de Vérité sans aucune science distincte.
C'est Lui qui fait naître au fond de l'âme les vérités que la parole sensible
de Jésus-Christ n'avait exposées qu'aux yeux de l'esprit.

On goûte, on se nourrit, on se fait une même chose avec la Vérité. Ce n'est plus elle qu'on voit comme un objet hors de soi ; c'est elle qui devient nous-mêmes et que nous sentons intimement comme l'âme se sent elle-même. Ô quelle puissante consolation sans chercher à se consoler !

On a tout sans rien avoir. Là on trouve en unité le Père, le Fils et le Saint-Esprit : le Père Créateur, qui crée en nous tout ce qu'il veut y faire pour nous rendre des enfants semblables à Lui ; le Fils, Verbe de Dieu, qui devient le Verbe et la parole intime de l'âme, qui se tait à tout pour ne plus laisser parler que Dieu ; enfin, l'Esprit, qui souffle où Il veut, qui aime le Père et le Fils en nous.

Ô mon Amour, qui êtes mon Dieu, aimez-Vous, glorifiez-Vous vous-même en moi ! Ma paix, ma joie, ma vie sont en Vous, qui êtes mon Tout, et je ne suis plus rien.

François Fénelon

## Tu sais mieux que moi

Seigneur, tu sais mieux que moi
que bientôt je serai vieille,
car je vieillis chaque jour.

Aide-moi à ne pas devenir bavarde,
et garde-moi de la désastreuse habitude
de croire que j'ai quelque chose à dire
et à tout bout de champ.

Libère-moi du désir d'arranger
les affaires de tout le monde.
Rends-moi pensive et réfléchie
mais sans devenir maussade.

Que j'aide mais sans dominer.
Il semble parfois dommage
de ne pas utiliser plus
mon immense réserve d'expériences.
mais tu sais, Seigneur,
que j'aimerais garder quelques amis.

Garde-moi de me perdre
dans le récit de mille détails,
et donne-moi des ailes
pour aller à l'essentiel.

Détache-moi de mes peines et bobos
et aide-moi à les supporter avec patience.
Enseigne-moi la merveilleuse leçon
qu'il peut m'arriver d'avoir tort.
Aide-moi à être douce mais pas trop.

Je ne tiens pas à être sainte :
il est parfois très difficile
de vivre avec une sainte.
Mais une vieille femme amère
est un chef-d'œuvre du diable.

Aide-moi à jouir de la vie,
il y a tant de choses gaies et amusantes,
et je ne voudrais pas en manquer une !

Sœur Véronique-Sophie

## Marie, je vous choisis aujourd'hui

Je vous salue, ô Marie immaculée, tabernacle vivant de la Divinité, où la Sagesse éternelle cachée veut être adorée des anges et des hommes.
Je vous salue, ô Reine du ciel et de la terre, à l'empire de qui tout est soumis, tout ce qui est au-dessous de Dieu.
Je vous salue, ô Refuge assuré des pécheurs, dont la miséricorde n'a manqué à personne ; exaucez les désirs que j'ai de la divine Sagesse, et recevez pour cela les cœurs et les offres que ma bassesse présente.
[…]

Je vous choisis aujourd'hui, en présence de toute la cour céleste, pour ma Mère et Maîtresse. Je vous livre et consacre, en qualité d'esclave, mon corps et mon âme, mes biens intérieurs et extérieurs, et la valeur même de mes bonnes actions passées, présentes et futures, vous laissant un entier et plein droit de disposer de moi et de tout ce qui m'appartient, sans exception, selon votre bon plaisir, à la plus grande gloire de Dieu, dans le temps et l'éternité.

Louis-Marie Grignion de Montfort (1673-1716)

## Je vous aime

Je vous aime, ô mon Dieu, et mon seul désir est de vous aimer jusqu'au dernier soupir de ma vie.
Je vous aime, ô Dieu infiniment aimable, et j'aime mieux mourir en vous aimant que de vivre un seul instant sans vous aimer.
Je vous aime, Seigneur, et la seule grâce que je vous demande, c'est de vous aimer éternellement.
Mon Dieu, si ma langue ne peut dire à tous moments que je vous aime, je veux que mon cœur vous le répète autant de fois que je respire.
Mon Dieu, faites-moi la grâce de souffrir en vous aimant et de vous aimer en souffrant.
Mon Dieu, faites-moi la grâce de mourir en vous aimant et en sentant que je vous aime.
Je vous aime, ô mon divin Sauveur, parce que vous avez été crucifié pour moi ; je vous aime, ô mon Dieu, parce que vous me tenez ici-bas crucifié pour vous.
Mon Dieu, à proportion que je m'approche de la fin, faites-moi la grâce d'augmenter mon amour et de le perfectionner.

Jean-Marie Vianney (1786-1859)

## Bénédiction de Dieu dans la solitude

D'où me vient, ô mon Dieu ! cette paix qui m'inonde ?
D'où me vient cette foi dont mon cœur surabonde ?
À moi qui tout à l'heure incertain, agité,
Et sur les flots du doute à tout vent ballotté,
Cherchais le bien, le vrai, dans les rêves des sages,
Et la paix dans des cœurs retentissants d'orages.
À peine sur mon front quelques jours ont glissé,
Il me semble qu'un siècle et qu'un monde ont passé ;
Et que, séparé d'eux par un abîme immense,
Un nouvel homme en moi renaît et recommence.

Ah ! c'est que j'ai quitté pour la paix du désert
La foule où toute paix se corrompt ou se perd ;
C'est que j'ai retrouvé dans mon vallon champêtre,
Les soupirs de ma source et l'ombre de mon hêtre,
Et ces monts, bleus piliers d'un cintre éblouissant,
Et mon ciel étoilé d'où l'extase descend !
C'est que l'âme de l'homme est une onde limpide
Dont l'azur se ternit à tout vent qui la ride,
Mais qui, dès qu'un moment le vent s'est endormi,
Repolit la surface où le ciel a frémi ;
C'est que d'un toit de chaume une faible fumée,
Un peu d'herbe le soir par le pâtre allumée,
Suffit pour obscurcir tout le ciel d'un vallon
Et dérober le jour au plus pur horizon !

Qu'un vent vienne à souffler du soir ou de l'aurore,
Le nuage flottant s'entrouvre et s'évapore ;
L'ombre sur les gazons, se séparant du jour,
Rend à tous les objets leur teinte et leur contour ;
Le rayon du soleil, comme une onde éthérée,
Rejaillit de la terre à sa source azurée ;
L'horizon resplendit de joie et de clarté,
Et ne se souvient plus d'un peu d'obscurité !
Ah ! loin de ces cités où les bruits de la terre
Étouffent les échos de l'âme solitaire,
Que faut-il, ô mon Dieu ! pour nous rendre ta foi ?
Un jour dans le silence écoulé devant toi,
Regarder et sentir, et respirer, et vivre ;
Vivre, non de ce bruit dont l'orgueil nous enivre,
Mais de ce pain du jour qui nourrit sobrement,
De travail, de prière et de contentement ;
Se laisser emporter par le flux des journées
Vers cette grande mer où roulent nos années,
Comme sur l'Océan la vague au doux roulis,
Berçant du jour au soir une algue dans ses plis,
Porte et couche à la fin au sable de la rive
Ce qui n'a point de rame, et qui pourtant arrive :
Notre âme ainsi vers Dieu gravite dans son cours,
Pour le cœur plein de lui que manque-t-il aux jours ?

Alphonse de Lamartine (1790-1869)

## Prière pour demander la lumière de la vérité

*Je voudrais que celui qui la cherche prie chaque jour ainsi :*

Ô mon Dieu, je reconnais que *Vous pouvez* éclairer mes ténèbres. Je reconnais que Vous *seul* le pouvez. Je *voudrais* que mes ténèbres fussent éclairées. Je ne sais si Vous voulez les éclairer, mais que Vous le puissiez et que je le désire sont des raisons suffisantes pour que je *demande* ce que, du moins, Vous ne m'avez pas défendu de demander. Je promets par là qu'avec l'aide de votre grâce que j'implore, j'embrasserai ce qu'enfin je sentirai avec certitude être la vérité, si jamais je parviens à cette certitude. Et, par votre grâce, je me garderai avec soin contre cette inclination à me tromper moi-même qui pourrait m'induire à choisir ce que veut la nature plutôt que ce qu'approuve la raison.

John Henry Newman (1801-1890)

## La colonne de nuée

Conduis-moi, douce Lumière,
au milieu des ténèbres :
je t'en prie, conduis-moi.
La nuit est sombre,
et je suis loin de la maison :
je t'en prie conduis-moi.
Veille sur mon chemin.
Je ne te demande pas à voir le but lointain :
un seul pas me suffit.

J'étais autre jadis,
et je ne priais pas
pour que tu me conduises.
J'aimais choisir et voir ma route.
Maintenant, je t'en prie, conduis-moi.
J'aimais le jour brillant
et, malgré mes frayeurs,
l'orgueil me gouvernait.
Oublie les jours passés.

Ta puissance
pendant si longtemps m'a béni
que, j'en suis assuré, elle me conduira
Par landes et marais,
montagnes et torrents,

jusqu'au retour du jour.
Et demain souriront les visages des anges
depuis longtemps aimés,
et que je ne vois plus.

John Henry Newman

## À la mort de ma fille

Maintenant que Paris, ses pavés et ses marbres,
Et sa brume et ses toits sont bien loin de mes yeux ;
Maintenant que je suis sous les branches des arbres,
Et que je puis songer à la beauté des cieux ;

Maintenant que du deuil qui m'a fait l'âme obscure
Je sors, pâle et vainqueur,
Et que je sens la paix de la grande nature
Qui m'entre dans le cœur ;

Maintenant que je puis, assis au bord des ondes,
Ému par ce superbe et tranquille horizon,
Examiner en moi les vérités profondes
Et regarder les fleurs qui sont dans le gazon ;

Maintenant, ô mon Dieu ! que j'ai ce calme sombre
De pouvoir désormais
Voir de mes yeux la pierre où je sais que dans l'ombre
Elle dort pour jamais ;

Maintenant qu'attendri par ces divins spectacles,
Plaines, forêts, rochers, vallons, fleuve argenté,
Voyant ma petitesse et voyant vos miracles,
Je reprends ma raison devant l'immensité ;

Je viens à vous Seigneur, père auquel il faut croire ;
Je vous porte, apaisé,
Les morceaux de ce cœur tout plein de votre gloire
Que vous avez brisé ;

Je viens à vous Seigneur ! confessant que vous êtes
Bon, clément, indulgent et doux, ô Dieu vivant !
Je conviens que vous seul savez ce que vous faites,
Et que l'homme n'est rien qu'un jonc qui tremble au vent ;

Je dis que le tombeau qui sur les morts se ferme
Ouvre le firmament ;
Et que ce qu'ici-bas nous prenons pour le terme
Est le commencement ;

Je conviens à genoux que vous seul, père auguste,
Possédez l'infini, le réel, l'absolu ;
Je conviens qu'il est bon, je conviens qu'il est juste
Que mon cœur ait saigné, puisque Dieu l'a voulu !

Je ne résiste plus à tout ce qui m'arrive
Par votre volonté.
L'âme de deuils en deuils, l'homme de rive en rive,
Roule à l'éternité.

Nous ne voyons jamais qu'un seul côté des choses ;
L'autre plonge en la nuit d'un mystère effrayant.
L'homme subit le joug sans connaître les causes.
Tout ce qu'il voit est court, inutile et fuyant.

Vous faites revenir toujours la solitude
Autour de tous ses pas.
Vous n'avez pas voulu qu'il eût la certitude
Ni la joie ici-bas !

Dès qu'il possède un bien, le sort le lui retire.
Rien ne lui fut donné, dans ses rapides jours,
Pour qu'il s'en puisse faire une demeure, et dire :
C'est ici ma maison, mon champ et mes amours !

Il doit voir peu de temps tout ce que ses yeux voient ;
Il vieillit sans soutiens.
Puisque ces choses sont, c'est qu'il faut qu'elles soient ;
J'en conviens, j'en conviens !

Le monde est sombre, ô Dieu ! l'immuable harmonie
Se compose des pleurs aussi bien que des chants ;
L'homme n'est qu'un atome en cette ombre infinie,
Nuit où montent les bons, où tombent les méchants.

Je sais que vous avez bien autre chose à faire
Que de nous plaindre tous,
Et qu'un enfant qui meurt, désespoir de sa mère,
Ne vous fait rien, à vous !

Je sais que le fruit tombe au vent qui le secoue,
Que l'oiseau perd sa plume et la fleur son parfum ;
Que la création est une grande roue
Qui ne peut se mouvoir sans écraser quelqu'un ;

Les mois, les jours, les flots des mers, les yeux qui pleurent,
Passent sous le ciel bleu ;
Il faut que l'herbe pousse et que les enfants meurent ;
Je le sais, ô mon Dieu !

Dans vos cieux, au-delà de la sphère des nues,
Au fond de cet azur immobile et dormant,
Peut-être faites-vous des choses inconnues
Où la douleur de l'homme entre comme élément.

Peut-être est-il utile à vos desseins sans nombre
Que des êtres charmants
S'en aillent, emportés par le tourbillon sombre
Des noirs événements.

Nos destins ténébreux vont sous des lois immenses
Que rien ne déconcerte et que rien n'attendrit.
Vous ne pouvez avoir de subites clémences
Qui dérangent le monde, ô Dieu, tranquille esprit !

Je vous supplie, ô Dieu ! de regarder mon âme,
Et de considérer
Qu'humble comme un enfant et doux comme une
[femme,
Je viens vous adorer !

Considérez encor que j'avais, dès l'aurore,
Travaillé, combattu, pensé, marché, lutté,
Expliquant la nature à l'homme qui l'ignore,
Éclairant toute chose avec votre clarté ;

Que j'avais, affrontant la haine et la colère,
Fait ma tâche ici-bas,
Que je ne pouvais pas m'attendre à ce salaire,
Que je ne pouvais pas

Prévoir que, vous aussi, sur ma tête qui ploie
Vous appesantiriez votre bras triomphant,
Et que, vous qui voyiez comme j'ai peu de joie,
Vous me reprendriez si vite mon enfant !

Qu'une âme ainsi frappée à se plaindre est sujette,
Que j'ai pu blasphémer,
Et vous jeter mes cris comme un enfant qui jette
Une pierre à la mer !

Considérez qu'on doute, ô mon Dieu ! quand on souffre,
Que l'œil qui pleure trop finit par s'aveugler,
Qu'un être que son deuil plonge au plus noir du gouffre,
Quand il ne vous voit plus, ne peut vous contempler,

Et qu'il ne se peut pas que l'homme, lorsqu'il sombre
Dans les afflictions,
Ait présente à l'esprit la sérénité sombre
Des constellations !

Aujourd'hui, moi qui fus faible comme une mère,
Je me courbe à vos pieds devant vos cieux ouverts.
Je me sens éclairé dans ma douleur amère
Par un meilleur regard jeté sur l'univers.

Seigneur, je reconnais que l'homme est en délire
S'il ose murmurer ;
Je cesse d'accuser, je cesse de maudire,
Mais laissez-moi pleurer !

Hélas ! laissez les pleurs couler de ma paupière,
Puisque vous avez fait les hommes pour cela !
Laissez-moi me pencher sur cette froide pierre
Et dire à mon enfant : Sens-tu que je suis là ?

Laissez-moi lui parler, incliné sur ses restes,
Le soir, quand tout se tait,
Comme si, dans sa nuit, rouvrant ses yeux célestes,
Cet ange m'écoutait !

Hélas ! vers le passé tournant un œil d'envie,
Sans que rien ici-bas puisse m'en consoler,
Je regarde toujours ce moment de ma vie
Où je l'ai vue ouvrir son aile et s'envoler !

Je verrai cet instant jusqu'à ce que je meure,
L'instant, pleurs superflus !
Où je criai : L'enfant que j'avais tout à l'heure,
Quoi donc ! je ne l'ai plus !

Ne vous irritez pas que je sois de la sorte,
Ô mon Dieu ! cette plaie a si longtemps saigné !
L'angoisse dans mon âme est toujours la plus forte,
Et mon cœur est soumis, mais n'est pas résigné.

Ne vous irritez pas ! fronts que le deuil réclame,
Mortels sujets aux pleurs,
Il nous est malaisé de retirer notre âme
De ces grandes douleurs.

Voyez-vous, nos enfants nous sont bien nécessaires,
Seigneur ; quand on a vu dans sa vie, un matin,
Au milieu des ennuis, des peines, des misères,
Et de l'ombre que fait sur nous notre destin,

Apparaître un enfant, tête chère et sacrée,
Petit être joyeux,
Si beau, qu'on a cru voir s'ouvrir à son entrée
Une porte des cieux ;

Quand on a vu, seize ans, de cet autre soi-même
Croître la grâce aimable et la douce raison,
Lorsqu'on a reconnu que cet enfant qu'on aime
Fait le jour dans notre âme et dans notre maison,

Que c'est la seule joie ici-bas qui persiste
De tout ce qu'on rêva,
Considérez que c'est une chose bien triste
De le voir qui s'en va !

Victor Hugo (1802-1885)

## Qu'on puisse voir sur moi que je pense à toi !

Ô Seigneur Jésus-Christ, comble ma pensée de sorte qu'on puisse voir sur moi que je pense à toi ! Et à quoi le voir ? à mon regard tourné vers le ciel ? Mais ça pourrait signifier aussi bien que je sois en quête d'étoiles ou de visions et d'imaginations. Non ! puisse ton image me convaincre, moi, pauvre, méprisé, moqué, de prêcher ton enseignement… ainsi pourrait-on voir (non à mon regard mais à ma figure banale de tous les jours) que je pense à Toi.

Soeren Kierkegaard (1813-1855)

# Père céleste !
# Qu'est-ce que l'homme sans Toi ?

Père céleste ! Qu'est-ce donc que l'homme sans Toi ? Qu'est-ce que toute sa science, fût-elle multitude de connaissances, sinon un misérable oripeau s'il ne te connaît ? Qu'est-ce en effet que son effort entier, même embrassant un monde, sinon vaine entreprise, s'il ne Te connaît pas, Toi l'unique, l'un et tout ? Donne donc à la raison la sagesse nécessaire pour concevoir l'un, au cœur la droiture nécessaire pour en recevoir l'intelligence, à la volonté la pureté par l'unique volonté de l'un ; aux jours de prospérité, donne la persévérance, dans les distractions le recueillement et dans les souffrances la patience nécessaire pour vouloir l'un. Toi qui permets d'entreprendre et d'achever, donne à l'aube de la vie la jeune résolution de vouloir l'un ; et quand le jour décline, donne au vieillard un souvenir renouvelé de sa résolution première, de sorte que la fin soit digne du début, et le début semblable à la fin dans une vie passée à ne vouloir que l'un.

Soeren Kierkegaard

## À Dieu qui parle et se tait

Ne nous laisse jamais oublier
Que tu parles aussi quand Tu te tais.
Donne-nous d'avoir cette confiance,
Quand nous attendons ta venue,
Que Tu te tais par amour,
Comme Tu parles par amour.

Que Tu te taises ou que Tu parles ;
Tu es toujours le même Père,
Le même cœur paternel,
que Tu nous guides par ta voix
Ou que Tu nous élèves
Par ton silence.

Soeren Kierkegaard

## Seigneur, ne me jugez pas

Seigneur, recevez-moi dans mon iniquité,
mais ne me jugez pas.
Laissez-moi venir sans jugement.
Ne me condamnez pas, car je me suis
condamné moi-même.
Ne me condamnez pas,
car je vous aime, Seigneur.
Je suis vil, mais je vous aime.
Envoyez-moi en enfer, et je vous aimerai encore
et je vous crierai là-bas
que mon amour durera jusqu'aux siècles des siècles.
Mitia

Fedor Dostoïevski (1821-1881)

## Prière pour les fous

Quelles bizarreries ne trouve-t-on pas dans une grande ville, quand on sait se promener et regarder ? La vie fourmille de monstres innocents. Seigneur mon Dieu ! Vous le créateur, Vous le maître ; Vous qui avez fait la Loi et la Liberté ; Vous le souverain, qui laissez faire, Vous le juge qui pardonnez ; Vous qui êtes plein de motifs et de causes, et qui avez peut-être mis dans mon esprit le goût de l'horreur pour convertir mon cœur, comme la guérison au bout d'une lame ; Seigneur ayez pitié, ayez pitié des fous et des folles ! Ô Créateur ! peut-il exister des monstres aux yeux de Celui-là qui sait pourquoi ils existent, comment ils *se sont faits* et comment ils auraient *pu ne pas se faire* ?

Charles Baudelaire (1821-1867)

# Bénédiction

Soyez béni mon Dieu,
Je sais que Vous gardez une place au Poète
Dans les rangs bienheureux des saintes légions,
Et que vous l'invitez à l'éternelle fête
Des trônes, des Vertus, des Dominations.

Je sais que la douleur est la noblesse unique
Où ne mordront jamais la terre et les enfers,
Et qu'il faut pour tresser une couronne mystique
Imposer tous les temps et tous les univers.

Mais les bijoux perdus de l'antique Palmyre,
Les métaux inconnus, les perles de la mer,
Par votre main montés, ne pourraient pas suffire
À ce beau diadème éblouissant et clair ;

Car il ne sera fait que de pure lumière,
Puisée au foyer saint des rayon primitifs,
Et dont les yeux mortels, dans leur splendeur entière,
Ne sont que des miroirs obscurcis et plaintifs.

Charles Baudelaire

## Vous m'avez blessé d'amour

Ô mon Dieu, vous m'avez blessé d'amour,
Et la blessure est encore vibrante,
Ô mon Dieu, vous m'avez blessé d'amour.

Ô mon Dieu, votre crainte m'a frappé,
Et la brûlure est encore là qui tonne,
Ô mon Dieu, votre crainte m'a frappé.

Ô mon Dieu, j'ai connu que tout est vil,
Et votre gloire en moi s'est installée,
Ô mon Dieu, j'ai connu que tout est vil.

Noyez mon âme aux flots de votre Vin
Fondez ma vie au Pain de votre table,
Noyez mon âme aux flots de votre Vin.

Voici mon sang que je n'ai pas versé,
Voici ma chair indigne de souffrance,
Voici mon sang que je n'ai pas versé.

Voici mon front qui n'a pu que rougir,
Pour l'escabeau de vos pieds adorables,
Voici mon front qui n'a pu que rougir.

Voici mes mains qui n'ont pas travaillé,
Pour les charbons ardents et l'encens rare,
Voici mes mains qui n'ont pas travaillé.

Voici mon cœur qui n'a battu qu'en vain,
Pour palpiter aux ronces du Calvaire,
Voici mon cœur qui n'a battu qu'en vain.

Voici mes pieds, frivoles voyageurs,
Pour accourir au cri de votre grâce,
Voici mes pieds, frivoles voyageurs.

Voici ma voix, bruit maussade et menteur,
Parmi les reproches de la Pénitence,
Voici ma voix, bruit maussade et menteur.

Voici mes yeux, luminaires d'erreur,
Pour être éteints aux pleurs de la prière,
Voici mes yeux, luminaires d'erreur.

Hélas ! Vous, Dieu d'offrande et de pardon,
Quel est le puits de mon ingratitude,
Hélas ! Vous, Dieu d'offrande et de pardon.

Dieu de terreur et Dieu de sainteté,
Hélas ! ce noir abîme de mon crime,
Dieu de terreur et Dieu de sainteté.

Vous, Dieu de paix, de joie et de bonheur,
Toutes mes peurs, toutes mes ignorances,
Vous, Dieu de paix, de joie et de bonheur,

Vous connaissez tout cela, tout cela,
Et que je suis plus pauvre que personne,
Vous connaissez tout cela, tout cela,

Mais ce que j'ai, mon Dieu, je vous le donne.

Paul Verlaine (1844-1896)

# Ah, Seigneur, qu'ai-je ? Hélas...

Ah ! Seigneur, qu'ai-je ? Hélas : me voici tout en larmes
D'une joie extraordinaire : votre voix
Me fait comme du bien et du mal à la fois
Et le mal et le bien, tout a les mêmes charmes.

Je ris, je pleure, et c'est comme un appel aux armes
D'un clairon pour des champs de bataille où je vois
Des anges bleus et blancs portés sur des pavois,
Et ce clairon m'enlève en de fièvres alarmes

J'ai l'extase et j'ai la terreur d'être choisi.
Je suis indigne, mais je sais votre clémence.
Ah ! quel effort, mais quelle ardeur ! Et me voici.

Plein d'une humble prière, encor qu'un trouble immense
Brouille l'espoir que votre voix me révéla,
Et j'aspire en tremblant.

Paul Verlaine

## J'ai espéré en vous

J'ai espéré en vous, Seigneur.
Soyez ma maison de refuge
Car vous êtes ma force.
En vos mains, je remets mon esprit.
Vous m'avez rachetée, Seigneur, Dieu de vérité.

Je n'étais rien,
Et de ce rien, Jésus a fait une grande chose.
Oui, puisque je suis en quelque sorte
Un Dieu par la sainte communion :
Jésus me donne son cœur ;
Je suis donc cœur à cœur avec Jésus
Épouse de Jésus,
Amie de Jésus,
C'est-à-dire un autre Jésus.

Bernadette Soubirous (1844-1879)

## Unissez-nous pour vous servir à jamais

Vous avez beaucoup exigé de moi, Vous m'avez accablé d'un très lourd fardeau et vous avez voulu que j'endurasse des peines si grandes que Vous seul, mon Dieu, pouvez les connaître. Lorsque j'ai voulu, dans ces derniers temps, ne plus espérer en Vous, m'éloigner de Vous à jamais, Vous m'avez envoyé, dans votre miséricorde, cette douce créature qui Vous aime, qui Vous cherche depuis tant de jours et que Vous avez enfin poussée dans mes bras. Mon divin Maître supplicié, Vous ne pouvez être le bourreau des pauvres âmes pour qui vous agonisez. Je Vous supplie, par le nom sacré de Joseph, par le cœur percé de Votre Mère, et par les ossements glorifiés de tous vos saints, ayez pitié de ma bien-aimée Jeanne et de moi. Comblez-nous de votre grâce et unissez-nous pour vous servir à jamais.

Léon Bloy (1846-1917)

## Je m'abandonne à vous

Mon Père,
Je m'abandonne à Vous,
Faites de moi ce qu'il Vous plaira.
Quoique Vous fassiez de moi,
Je Vous remercie, je suis prêt à tout ;
J'accepte tout
Pourvu que Votre volonté se fasse en moi
Et en toutes vos créatures.
Je ne désire rien d'autre, mon Dieu ;
Je remets mon âme entre Vos mains,
Je Vous la donne, mon Dieu,
Parce que je Vous aime,
Et que ce m'est un besoin d'amour de me donner,
De me remettre entre Vos mains,
Sans mesure,
avec une infinie confiance,
Car vous êtes mon Père.

Attribué à Charles de Foucauld (1858-1916)

## Donner du fruit en son temps

Vous me dites que je serai heureux, heureux du vrai bonheur, heureux au dernier jour, que tout misérable que je sois, je suis un palmier planté au bord des eaux vives, des eaux vives de la volonté divine, de l'amour divin, de la grâce… et que je donnerai du fruit en mon temps : vous daignez me consoler, je me sens sans fruit ; je me sens sans œuvre bonnes ; je me dis : je suis converti depuis onze ans, qu'ai-je fait ? Quelles étaient les œuvres des saints et quelles sont les miennes ? Je me vois les mains vides de bien ; vous daignez me consoler : tu porteras du fruit en ton temps, me dites-vous… Quel est ce temps ? Notre temps à tous, c'est l'heure du jugement : vous me promettez que si je persiste dans la bonne volonté et le combat, si pauvre que je me voie, j'aurai des fruits à cette dernière heure…
Et vous ajoutez : tu seras un bel arbre à feuilles éternelles vertes, et toutes tes œuvres auront une fin prospère, toutes rapporteront leur fruit pour l'éternité. Mon Dieu, que vous êtes bon, que vous êtes divinement consolant. Ô Cœur de Jésus, comme c'est vous qui avez dicté ces premiers mots si tendres du Livre des Psaumes ! Vous nous dites là, comme vous le direz un jour en Galilée : « Mon joug est doux à porter et mon fardeau léger »… Merci mon Dieu de Vos consolations dont nos pauvres cœurs ont tant besoin.

Charles de Foucauld

## Prière pour aller au paradis avec les ânes

Lorsqu'il faudra aller vers vous, ô mon Dieu, faites
que ce soit par un jour où la campagne en fête
poudroiera. Je désire, ainsi que je fis ici-bas,
Choisir un chemin pour aller, comme il me plaira
au Paradis, où sont en plein jour les étoiles.
Je prendrai mon bâton et sur la grande route,
j'irai, et je dirai aux ânes, mes amis :
Je suis Francis Jammes et je vais au Paradis,
car il n'y a pas d'enfer au pays du bon Dieu.
Je leur dirai : « Venez, doux amis du ciel bleu,
pauvres bêtes chéries qui, d'un brusque mouvement
d'oreille, chassez les mouches plates, les coups et les
[abeilles... »

Que je vous apparaisse au milieu de ces bêtes
que j'aime tant parce qu'elles baissent la tête
doucement, et s'arrêtent en joignant leurs petits pieds
d'une façon bien douce et qui vous fait pitié.
J'arriverai, suivi de leurs milliers d'oreilles,
suivi de ceux qui portèrent au flanc des corbeilles,
de ceux traînant des voitures de saltimbanques
ou des voitures de plumeaux ou de fer-blanc,
de ceux qui ont sur le dos des bidons bossués,
des ânesses pleines comme des outres, aux pieds cassés,
de ceux à qui l'on met de petits pantalons

à cause des plaies bleues et suintantes que font
les mouches entêtées qui s'y groupent en ronds.
Mon Dieu, faites qu'avec ces ânes je Vous vienne.
Faites que, dans la paix, des anges nous conduisent
vers des ruisseaux touffus où tremblent des cerises
lisses comme la chair qui rit des jeunes filles,
et faites que, penché dans ce séjour des âmes,
sur vos divines eaux, je sois pareil aux ânes
qui mireront leur douce pauvreté
à la limpidité de l'amour éternel.

Francis Jammes (1868-1938)

# Mon Dieu, laissez-moi aller prendre une étoile

Ô mon Dieu, laissez-moi aller prendre une étoile :
Peut-être que ça calmera un cœur malade.
Mais Vous ne voulez pas que je prenne une étoile,
Vous ne le voulez pas et Vous ne voulez pas
Que le bonheur me vienne un peu dans cette vie.
Voyez : je ne veux pas me plaindre et je me tais
Dans moi-même, sans fiel aucun ni raillerie,
Comme un oiseau en sang caché entre deux pierres.
Oh ! Dites-moi si cette étoile, c'est la mort ?…
Alors, donnez-la moi comme on donne un sou d'or
À un pauvre qui a faim, assis près d'un fossé.
Mon Dieu, je suis pareil aux ânes aux pas cassés…
Ce que Vous nous donnez, quand Vous le retirez,
C'est terrible, et l'on sent alors dedans son cœur
Passer comme du vent terrible qui fait peur.
Que faut-il pour guérir ? Mon Dieu, le savez-Vous ?
Souvenez-Vous, mon Dieu, que je portais du houx
Lorsque j'étais enfant auprès de votre crèche
Où ma mère arrangeait doucement les bobèches.
Ne pouvez-Vous me rendre un peu de ce que j'ai fait
Et si Vous croyez que ça peut guérir mon cœur malade,
Ne pouvez-Vous, mon Dieu, me donner une étoile,
Puisque j'en ai besoin pour la mettre ce soir
Sur mon cœur qui est froid, qui est vide, qui est noir ?

Francis Jammes

## Pour qu'un enfant ne meure pas

Mon Dieu, conservez-leur ce tout petit enfant,
Comme Vous conservez une herbe dans le vent.
Qu'est-ce que ça Vous fait, puisque la mère pleure,
De ne pas le faire mourir tout à l'heure,
Comme une chose que l'on peut éviter ?
Si Vous le laissez vivre, il s'en ira jeter
Des roses, l'an prochain, dans la Fête-Dieu claire.
Mais Vous êtes trop bon. Ce n'est pas Vous, mon Dieu,
Qui, sur les joues en roses, posez la mort bleue,
À moins que Vous n'ayez de beaux endroits où mettre
Auprès de leurs mamans, leur fils à la fenêtre ?
Mais pourquoi pas ici ? Ah ! puisque l'heure sonne,
Rappelez-Vous, mon Dieu devant l'enfant qui meurt
Que Vous vivez toujours auprès de votre mère.

Francis Jammes

## Prière pour avoir la foi dans la forêt

Je n'espère plus rien, mon Dieu, je me résigne.
Je me laisse aller comme la courbe des collines.
Je sens la nuit sur moi comme elle est sur les champs,
quand le soleil s'éteint, le soir, comme une lampe.
Je ne vois plus en moi. Je suis comme le soir
qui fait qu'on ne voit plus les faneuses d'azur
à travers la prairie des pensées de mon âme.
Je voudrais être pareil au joli matin
où, dans la rosée rose, se peignent les lapins.
Je n'espère plus rien, mon Dieu, que le malheur,
et cela me rend doux comme l'agriculteur
qui suit patiemment la herse qui tressaute,
derrière, et au milieu des bœufs à cornes hautes.
Je suis abruti, mais c'est avec une grande douceur
que, du haut du coteau, dans la grande chaleur,
je regarde les bois luisants et noirs s'étendre
comme de grands morceaux de feuilles de silence.
Mon Dieu, peut-être que je croirais à vous davantage
si vous m'enleviez du cœur ce que j'y ai,
et qui ressemble à du ciel roux avant l'orage.
Peut-être, mon Dieu, que si vous me conduisiez
dans une chapelle bâtie au haut d'un arbre,
j'y trouverais la foi solide comme du marbre.
Les geais d'azur feraient un ciel qui chanterait
dans la chaleur glacée de la grande forêt,

et ils boiraient dans la fraîcheur du bénitier.
Une petite cloche annoncerait, le soir,
un office, et un autre à l'heure des mésanges.
Dans cette église, il n'y aurait pas de jeunes femmes,
mais seulement des vieux, des enfants et des anges.
On y serait au ciel, puisque c'est sur des branches.
On n'y saurait plus rien, n'y penserait à rien…
Mais seulement, la nuit, quelquefois, le vieux chien
Découvrirait le bon voyageur égaré.

Francis Jammes

# La Vierge à midi

Il est midi. Je vois l'église ouverte. Il faut entrer.
Mère de Jésus-Christ, je ne viens pas prier.

Je n'ai rien à offrir et rien à demander.
Je viens seulement, Mère, pour vous regarder.

Vous regarder, pleurer de bonheur, savoir cela
Que je suis votre fils et que vous êtes là

Rien que pour un moment pendant que tout s'arrête.
Midi !
Être avec vous, Marie, en ce lieu où vous êtes.

Ne rien dire, regarder votre visage,
Laisser le cœur chanter dans son propre langage,

Ne rien dire, mais seulement chanter parce qu'on a le cœur
[trop plein,
Comme le merle qui suit son idée en ces espèces de couplets
[soudains.

Parce que vous êtes belle, parce que vous êtes immaculée,
La femme dans la Grâce enfin restituée,

La créature dans son honneur premier et dans son
[épanouissement final,

Telle qu'elle est sortie de Dieu au matin de sa splendeur
[originale.

Intacte ineffablement parce que vous êtes la Mère de Jésus-
[Christ,
Qui est la vérité entre vos bras, et la seule espérance et le seul
[fruit.

Parce que vous êtes la femme, l'Éden de l'ancienne tendresse
[oubliée,
Dont le regard trouve le cœur tout à coup et fait jaillir les
[larmes accumulées.

Parce que vous m'avez sauvé, parce que vous avez sauvé
[la France,
Parce qu'elle aussi, comme moi, pour vous fut cette chose
[à laquelle on pense,

Parce qu'à l'heure où tout craquait, c'est alors que vous êtes
[intervenue,
Parce que vous avez sauvé la France une fois de plus.

Parce qu'il est midi, parce que nous sommes en ce jour
[d'aujourd'hui,
Parce que vous êtes là pour toujours, simplement parce que
[vous êtes Marie, simplement parce que vous existez,

Mère de Jésus-Christ, soyez remerciée !

Paul Claudel (1868-1955)

## Prière pour le dimanche matin

AMEN, au nom du Père et du Fils et du Saint-Esprit !
[Je suis prêt, c'est moi !
Mon Dieu, je suis ressuscité et je suis encore avec toi.

Je dormais et j'étais couché ainsi qu'un mort dans la nuit.
Dieu dit : Que la lumière soit ! et je me suis réveillé comme
[on pousse un cri !

J'ai surgi et je me suis réveillé.
Je suis debout et je commence avec le jour qui commence !
Mon Père qui m'avez engendré avant l'aurore, je me place
[dans Votre présence.

Mon cœur est libre et ma bouche est nette, mon corps et
[mon esprit sont à jeun.
Je suis absous de tous mes péchés que j'ai confessés un
[par un.

L'anneau nuptial est à mon doigt et la face est nettoyée.
Je suis comme un être innocent dans la grâce que Vous
[m'avez octroyée.

Que Vous demander, qui ne pouvez me donner ce qui n'est
[pas Vous !
Cette pièce d'or marquée du nom de César et cette parole
[en qui je plaise à tous.

Mais je vais avoir le soleil même, j'ouvre les bras à Votre
[dimension.
Je regarde au plus haut du ciel un point d'or comme au jour
[de Votre Ascension.

J'accepte ce monde tel qu'il est et je n'ai rien à y changer.
Seigneur, donnez-moi seulement Vous-même et c'est assez.

Superposez aux Six Jours le Septième que Vous Vous êtes
[réservé.
Ah, ce n'est point Samedi, c'est Dimanche, et le coup de
[la première messe va sonner !

Lucifer brille tout seul au milieu de l'Orient désert et
[nouveau.
Le coq chante et Marie-Madeleine se hâte vers le tombeau.

Que cherches-tu, Marie ? Celui que tu aimes est ressuscité.
Il n'est pas là, le voici qui nous devance en Galilée.

Diamant de l'air qui éclôt ! Naissance du jour réel !
Vous arrivez à la fin, matin de mes noces éternelles !

Le temps est court et le soleil sera levé dans un moment,
C'est pourquoi, ce que nous avons à faire, faisons-le
[incessamment.

Comme le prêtre grave et prompt qui se recueille et
[s'habille pour le Saint Sacrifice,

Armons-nous sans hâte ni délai pour cette part qui est de
[notre office.

Comme un homme qui vient d'être fait, comme une
[invention toute neuve et intacte,
Toute puissance en moi a son objet et toute prière est un
[acte.

Dieu qui êtes Un seul en Trois Personnes, Relations sur qui
[le Christ est en croix,
Verbe en qui tout est parole, ce que Vous dites, je le crois.

Vous êtes la Parole donnée et clouée de clous de fer.
Le Titre en qui j'ai mon espoir, je le fais de mes deux bras
[ouverts !

Je suis le doigt sur Votre plaie, je suis la main à Votre
[cœur même
Vous qui êtes le Tout-Puissant, Vous ne pouvez empêcher
[que je Vous aime.

Que le rite prompt donc s'accomplisse en qui je communique
[à Votre éternité ?
Rien n'est trop court pour cet instant de Dieu en nous
[qui ne peut être divisé.

Gardons ce serment entre nous ! Scellez-moi de peur que
[je me dissipe.
Humanité de Dieu sur ma langue, consignez mon cœur
[et mon principe.

En ce Septième Jour que vous fîtes, Seigneur,
Quel est Votre repos, si ce n'est dans mon cœur ?

Paul Claudel

## Seigneur, je viens à vous comme un enfant

Seigneur, ce n'est pas parce que l'on m'a dit que vous étiez le Fils de Dieu que j'écoute votre parole ; mais votre parole est belle, au-dessus de toute parole humaine, et c'est à cela que je reconnais que vous êtes le Fils de Dieu. [...]

J'attendais toujours plus de sagesse, de lecture, de connaissance, comme si la sagesse des hommes n'était pas folie devant Dieu [Corinthiens I 1,18-31].

Seigneur, je viens à vous comme un enfant ; comme l'enfant que vous voulez que je devienne, comme l'enfant qui devient celui qui s'abandonne à vous. Je résigne tout ce qui faisait mon orgueil et qui près de vous ferait ma honte. J'écoute et vous soumets mon cœur.

André Gide (1869-1951)

## Mon chant d'aujourd'hui

Ma vie est un instant, une heure passagère.
Ma vie est moment qui m'échappe et qui fuit.
Tu le sais, ô mon Dieu ! Pour t'aimer sur terre
Je n'ai rien qu'aujourd'hui !

Oh ! Je t'aime, Jésus… vers toi mon âme aspire…
Pour un jour, seulement, reste mon doux appui.
Viens régner dans mon cœur, donne-moi ton sourire
Rien que pour aujourd'hui !

Que m'importe, Seigneur, si l'avenir est sombre !
Te prier pour demain, oh non je ne le puis…
Conserve mon cœur pur, couvre-moi de ton ombre
Rien que pour aujourd'hui !

Si je songe à demain, je crains mon inconstance.
Je sens naître en mon cœur la tristesse et l'ennui ;
Mais je veux bien, mon Dieu, l'épreuve, la souffrance
Rien que pour aujourd'hui !

Je dois te voir bientôt sur la rive éternelle.
Ô Pilote Divin ! Dont la main me conduit !
Sur les flots orageux guide en paix ma nacelle
Rien que pour aujourd'hui.

Ah ! Laisse-moi, Seigneur, me cacher en ta Face.
Là je n'entendrai plus du monde le vain bruit.
Donne-moi ton amour, conserve-moi ta grâce
Rien que pour aujourd'hui.

Thérèse de l'Enfant-Jésus (1873-1897)

## Mon seul amour

Mon cœur ardent veut se donner sans cesse,
Il a besoin de prouver sa tendresse.
Ah ! qui pourra comprendre mon amour ?
Quel cœur voudra me payer de retour ?
Mais ce retour, en vain je le réclame.
Rien ne saurait me charmer ici-bas ;
Le vrai bonheur ne s'y rencontre pas.

Ma seule paix, mon seul bonheur,
Mon seul amour, c'est toi Seigneur !

Ô toi qui sus créer le cœur des mères,
Je trouve en toi le plus tendre des pères.
Mon seul Amour, Jésus, Verbe éternel,
Pour moi, ton Cœur est plus que maternel !
À chaque instant, tu me suis et me gardes ;
Quand je t'appelle, ah ! jamais tu ne tardes.
Et si parfois tu sembles te cacher,
C'est toi qui viens m'aider à te chercher.

C'est à toi seul, Jésus, que je m'attache ;
C'est dans tes bras que j'accours et me cache.
Je veux t'aimer comme un petit enfant ;
Je veux lutter comme un guerrier vaillant.
Comme un enfant plein de délicatesses,

Je veux, Seigneur te combler de caresses ;
Et dans le champ de mon apostolat,
Comme un guerrier je m'élance au combat !

Ton Cœur, qui garde et qui rend l'innocence,
Ne saurait pas tromper ma confiance ;
En toi Seigneur, repose mon espoir :
Après l'exil, au ciel, j'irai te voir.

Thérèse de l'Enfant-Jésus

# Marie

À celle qui est infiniment jeune.
Parce qu'aussi, elle est infiniment mère.
À celle qui est infiniment droite.
Parce qu'aussi, elle est infiniment penchée.
À celle qui est infiniment joyeuse.
Parce qu'aussi, elle est infiniment douloureuse.
Septante et sept fois septante fois douloureuse
À celle qui est infiniment touchante.
Parce qu'aussi, elle est infiniment touchée.

À celle qui est infiniment au-dessus de nous
Parce qu'aussi, elle est infiniment parmi nous.

À celle qui est Marie,
Parce qu'elle est pleine de grâce.

À elle qui est pleine de grâce,
Parce qu'elle est avec nous.

À celle qui est avec nous,
Parce que le Seigneur est avec elle.

À celle qui est pleine de grâces,
Parce qu'elle est pleine de grâce.

À celle qui est la plus près de Dieu,
Parce qu'elle est la plus près des hommes.

Charles Péguy (1873-1914)

## Récite ton chapelet…

Récite ton chapelet, dit Dieu,
et ne te soucie pas de ce que raconte tel écervelé :
que c'est une dévotion passée et qu'on va abandonner.

Cette prière-là, je te le dis
est un rayon de l'Évangile :
on ne me le changera pas.

Ce que j'aime dans le chapelet, dit Dieu,
c'est qu'il est simple et qu'il est humble.
Comme fut mon Fils.
Comme fut ma Mère.

Récite ton chapelet : tu trouvera à tes côtés
toute la compagnie rassemblée en l'Évangile :
la pauvre veuve qui n'a pas fait d'études
et le publicain repentant qui ne sait plus son catéchisme,
la pécheresse effrayée qu'on voudrait accabler,
et tous les éclopés que leur foi a sauvés,
et les bons vieux bergers, comme ceux de Bethléem,
qui découvrent mon Fils et sa Mère…

Récite ton chapelet, dit Dieu,
il faut que votre prière tourne, tourne et retourne,
comme font entre vos doigts les grains du chapelet.

Alors, quand je voudrai, je vous l'assure,
vous recevrez la bonne nourriture,
qui affermit le cœur et rassure l'âme.

Allons, dit Dieu, récitez votre chapelet
et gardez l'esprit en paix.

Attribué à Charles Péguy

## Jeanne d'Arc

Mais je ne savais pas cette voix éternelle
Et calme et large et plane et blanche et délectable,
Émouvante en mon âme et revivante en elle ;
Non je ne savais pas cette voix admirable ;

Ô je ne savais pas la voix noble des anges,
La voix infatigable et qui n'est pas humaine,
Voix de l'accoutumance en la demeure étrange :
Non je ne savais pas cette voix souveraine,
La voix de l'habitude éternelle,

Voix de la demeurance en la demeure étrange.

Et je ne savais pas le regard souverain,
Le regard de là-haut, qui descend droit en l'âme
Et pénétrait en moi comme une étrange flamme,
Le regard immortel et qui n'est pas humain.

Le regard éternel qui me réchauffait l'âme
Et me l'éclairait toute au soleil éternel.
Rayon d'or éternel d'un soleil éternel,
Regard d'or éternel d'un printemps éternel,
D'un printemps éternel,
D'un été éternel,
D'un automne éternel,

Regard d'or éternel du soleil des soleils.

Mon Dieu j'étais comme au-delà de ma mort, au-delà de ma propre mort.

Mais à présent je sais la voix des immortels,
Et j'ai vu le regard des yeux inoubliables.

Et je sais désormais la voix des éternels,
Et j'ai vu le regard des yeux qui vous ont vus.

Charles Péguy

## Seigneur, donne à chacun sa propre mort

Ô Seigneur, donne à chacun sa propre mort,
d'une mort enfantée de la vie,
Qui lui donna amour, sens et détresse.

Car nous ne sommes nous-mêmes que la feuille et l'écorce.
La grande mort que chacun porte en soi,
Elle est le fruit et le centre de tout.

C'est pour lui que les filles font leurs débuts
Et paraissent comme des arbres sortant d'une lyre,
Et mes garçons pour lui, rêvent d'être des hommes
Et les femmes sont pour eux qui grandissent, confidentes
d'angoisses que nul autre ne pourrait leur ôter.
C'est pour lui que tout ce que les yeux virent *demeure*
Comme éternel, même englouti depuis longtemps –
et quiconque forgea et bâtit
devient monde pour ce fruit ;
il fut le gel, la fonte,
les vents qui l'agitèrent, les rayons qui le dévorèrent.
Est entrée en lui toute la chaleur
des cœurs, et l'ardeur des cerveaux chauffés à blanc –
pourtant tes anges passent, comme vols d'oiseaux
qui jugèrent vers tous les fruits.

Seigneur, nous sommes plus pauvres que les pauvres bêtes
Qui meurent de leur mort, même en aveugles,

Car personne n'a encore su mourir.
Donne *celle* qui maîtrise la science
de tresser la vie en tonnelles
sous lesquelles mai fleurira plus tôt.

Car mourir nous est chose inconnue, difficile,
Par ce qu'il ne s'agit pas de *notre* mort
mais de quelque chose qui nous emporte enfin
à défaut de celle qu'il eût fallu mûrir.
Aussi gronde un orage pour nous effacer tous.

Rainer Maria Rilke (1875-1926)

## Accorde, Seigneur, une nuit

Seigneur, accorde une nuit, que l'homme accueille ce qui
jamais encore ne franchit les profondeurs humaines ;
accorde une nuit ; que toutes choses s'y épanouissent.
Rends-les plus odorantes que les seringats
plus berceuses que les vols de tes vents
et plus joyeuses que Josaphat.

Donne à cet homme un long mûrissement,
fais-le croître en vêtements toujours plus amples
et donne-lui la solitude d'une étoile,
afin que nul regard surpris ne vienne l'ensorceler
lorsque ses traits, en se fondant, mueront.

Qu'il soit renouvelé par une nourriture pure
par la rosée, par un aliment vierge de tout sang,
après cette vie, qui, légère comme prière
et chaude comme un souffle, monte des champs.

Fais qu'il retrouve son enfance,
cette inconscience et tout ce merveilleux
et les contes chargés de richesses mystérieuses
des premières années où s'éveillent les pensées.

Demande-lui alors d'attendre l'heure
où il enfantera la mort, la souveraine :

solitaire et murmurante comme un grand jardin
comme quelqu'un qui, au loin, a mûri.

Rainer Maria Rilke

## Prière pour les animaux

Entends notre humble prière, ô Dieu,
Pour nos amis les animaux,
Spécialement pour ceux qui souffrent ;
Pour ceux qui sont chassés, perdus,
Abandonnés, effrayés ou affamés ;
Pour ceux qui doivent être mis à mort.

Nous implorons pour eux ta miséricorde et ta pitié.
À ceux qui sont en contact avec eux,
Donne un cœur compatissant, des mains attentionnées
Et des mots d'affection.
Fais de nous de vrais amis des animaux
De sorte que nous puissions partager avec eux
La bénédiction de ta grâce.

Attribuée à Albert Schweitzer (1875-1965)

## Si vous parliez, Seigneur...

Si vous parliez, Seigneur, je vous entendrais bien,
Car toute humaine voix pour mon âme s'est tue,
Je reste seule auprès de ma force abattue,
J'ai quitté tout appui, j'ai rompu tout lien.

Mon cœur méditatif et qui boit la lumière
Vous aurait absorbé, si, transgressant les lois,
Comme le vent des nuits qui pénètre les pierres
Votre verbe enflammé fût descendu sur moi !

Nul ne vous souhaitait avec tant d'indigence :
Je vous aurais fêté au son du tympanon
Si j'avais, dans mon triste et studieux silence,
Entendu votre voix et connu votre nom.

Si forte qu'ait été l'ombre sur vos visages,
Sublime Trinité ! j'eusse écarté la nuit
Mon esprit aurait poursuivi sans ennui
Et j'aurais abordé à votre clair rivage.

Mais jamais rien à moi ne vous a révélé,
Seigneur ! ni le ciel lourd comme une eau suspendue,
Ni l'exaltation de l'été sur les blés,
Ni le temple ionien sur la montagne ardue ;

Ni les cloches qui sont un encens cadencé,
Ni le courage humain, toujours sans récompense,
Ni les morts, dont l'hostile et pénétrant silence
Semble un renoncement invincible et lassé ;

Ni ces nuits où l'esprit retient comme une preuve
Son aspiration au bien universel ;
Ni la lune qui rêve, et voit passer le fleuve
Des baisers fugitifs sous les cieux éternels.

Hélas ! ni ces matins de ma brûlante enfance,
Où, dans les prés gonflés d'un nuage d'odeur,
Je sentais, tant l'extase en moi jetait sa lance,
Un ange dans les cieux qui m'arrachait le cœur !

Pourtant, ayez pitié ! Que votre main penchante
Vienne guider mon sort douloureux et terni ;
J'aspire à vous, Splendeur, Raison éblouissante !
Mais je ne vous vois pas, ô mon Dieu ! et je chante
À cause du vide infini !

Anna de Noailles (1876-1933)

## Ô mon Dieu, Trinité que j'adore

Ô mon Dieu, Trinité que j'adore, aidez-moi à m'oublier entièrement pour m'établir en vous, immobile et paisible, comme si déjà mon âme était dans l'éternité ! Que rien ne puisse troubler ma paix, ni me faire sortir de vous, ô mon Immuable, mais que chaque minute m'emporte plus loin dans la profondeur de votre Mystère !
Pacifiez mon âme, faites-en votre ciel, votre demeure aimée et le lieu de votre repos ; que je ne vous y laisse jamais seul, mais que je sois là tout entière, tout éveillée en ma foi, tout adorante, toute livrée à votre Action créatrice.
Ô mon Christ aimé, crucifié par amour, je voudrais être une épouse pour votre Cœur ; je voudrais vous couvrir de gloire, je voudrais vous aimer… jusqu'à en mourir ! Mais je sens mon impuissance et je vous demande de me revêtir de vous-même, d'identifier mon âme à tous les mouvements de votre âme, de me submerger, de m'envahir, de vous substituer à moi, afin que ma vie ne soit qu'un rayonnement de votre Vie. Venez en moi comme Adorateur, comme Réparateur et comme Sauveur. Ô Verbe éternel, Parole de mon Dieu, je veux passer ma vie à vous écouter, je veux me faire tout enseignable afin d'apprendre tout de vous. Puis, à travers toutes les nuits, tous les vides, toutes les impuissances, je veux vous fixer toujours et

demeurer sous votre grande lumière. Ô mon Astre aimé, fascinez-moi pour que je ne puisse plus sortir de votre rayonnement.

Ô feu consumant, Esprit d'amour, survenez en moi afin qu'il se fasse en mon âme comme une incarnation du Verbe ; que je Lui sois une humanité de surcroît en laquelle il renouvelle tout son mystère. Et vous, ô Père, penchez-vous vers votre pauvre petite créature, couvrez-la de votre ombre, ne voyez en elle que le Bien-Aimé en lequel vous avez mis toutes vos complaisances.

Ô mes Trois, mon Tout, ma Béatitude, Solitude infinie, Immensité où je me perds, je me livre à vous comme une proie. Ensevelissez-vous en moi pour que je m'ensevelisse en vous, en attendant d'aller contempler en votre lumière l'abîme de vos grandeurs.

Élisabeth de la Trinité (1880-1906)

## Prière d'une mère de famille pour commencer l'année

Mon Dieu, je vous offre cette année qui commence. C'est une parcelle de ce temps si précieux que vous m'avez donné pour vous servir. Je la mets sous le signe de la fidélité. Faites qu'elle soit une longue ascension vers vous et que chaque jour me trouve plus riche de foi et d'amour.

Mon Dieu, je vous offre tous ceux que j'aime et pour lesquels tremble mon cœur fragile. Pourtant, je sais qu'ils sont à vous, que dès maintenant, ils sont sauvés, qu'un fleuve d'amour les porte à la béatitude. Ne permettez pas que je leur fasse défaut, mais plutôt que je sois pour eux le canal invisible de ta grâce, que je les édifie et console, que ma vie leur manifeste votre amour.

Mon Dieu, je vous offre aussi l'immense douleur de ce monde que vous avez créé et racheté, les souffrances des enfants innocents, le long ennui des exilés, l'angoisse des chefs, et ce poids qui pèse si lourdement sur tous.

Mon Dieu, qu'une étincelle de votre charité éclate en nos ténèbres et que l'aube de la paix se lève en cette année. Je vous le demande en union avec toutes celles qui sont ici et vous prient avec moi, en union avec vos saints, avec votre Église, avec votre Fils, Jésus-Christ, Prince de la paix.

Madeleine Daniélou (1880-1956)

## Pour que tous soient « un »

Seigneur Jésus, qui, à la veille de mourir pour nous, as prié pour que tous tes disciples soient parfaitement un, comme toi en ton Père et ton Père en toi, fais-nous ressentir douloureusement l'infidélité de notre désunion.

Donne-nous la loyauté de reconnaître et le courage de rejeter ce qui se cache en nous d'indifférence, de méfiance et même d'hostilité mutuelles.

Accorde-nous de nous rencontrer tous en toi afin que, de nos âmes et de nos lèvres, monte incessamment ta prière pour l'unité des chrétiens, telle que tu la veux, par les moyens que tu veux.

En toi, qui es la charité parfaite, fais-nous trouver la voie qui conduit à l'unité dans l'obéissance à ton Amour et à ta Vérité. Amen.

Paul Couturier (1881-1953)

## Prière au Christ

Seigneur, parce que, de tout l'instinct, et par toutes les chances, de ma vie, je n'ai jamais cessé de vous chercher et de vous placer au cœur de la Matière universelle, c'est dans l'éblouissement d'une universelle Transparence et d'un universel Embrasement que j'aurai la joie de fermer les yeux…

Comme si d'avoir rapproché et mis en contact les deux pôles tangible et intangible, externe et interne, du Monde qui nous emporte avait tout enflammé, et tout déchaîné…

Sous la forme d'un « tout petit », entre les bras de sa Mère – conformément à la grande Loi de Naissance –, vous avez pris pied dans mon âme d'enfant – Jésus. Et voici que, répétant et prolongeant en moi le cercle de votre croissance à travers l'Église – voici que votre Humanité palestinienne s'est peu à peu épandue, de toutes parts, comme un iris innombrable où votre Présence, sans rien détruire, pénétrait, en la suranimant, n'importe quelle autre présence autour de moi…

Tout cela parce que, dans un Univers qui se découvrait à moi en état de convergence, Vous aviez pris, par droits de Résurrection, la position maîtresse du Centre total en qui tout se rassemble ! […]

En avant et au-dessus de soi, l'Humanité, émergée à la conscience du mouvement qui l'entraîne, a de plus en plus

besoin d'un sens et d'une Solution auxquels il lui soit enfin possible de pleinement se vouer.
Eh bien, ce Dieu, non plus seulement du vieux Cosmos, mais de la Cosmogénèse nouvelle (dans la mesure même où l'effet d'un travail mystique deux fois millénaire est de faire apparaître en Vous, sous l'Enfant de Bethléem et le Crucifié, le Principe moteur et le Noyau collecteur du Monde lui-même) – ce Dieu tant attendu de notre génération, n'est-ce pas vous, tout justement, qui le représentez, et qui nous l'apportez – Jésus ?

Pierre Teilhard de Chardin (1881-1955)

## Faites que je vous reconnaisse

Mon Dieu, il m'était doux, au milieu de l'effort de sentir qu'en me développant moi-même, j'augmentais la prise que vous avez sur moi ; il m'était doux, encore, sous la poussée intérieure de la vie ou parmi le jeu favorable des événements, de m'abandonner à votre Providence. Faites qu'après avoir découvert la joie de toute croissance pour vous faire, ou pour vous laisser grandir en moi, j'accède sans trouble à cette dernière phase de la communion au cours de laquelle je vous posséderai en diminuant en vous.

Après vous avoir aperçu comme Celui qui est « plus moi-même », faites, mon heure étant venue, que je vous reconnaisse sous les espèces de chaque puissance, étrangère ou ennemie, qu semblera vouloir me détruire ou me supplanter. Lorsque, sur mon corps (et bien plus sur mon esprit), commencera à marquer l'usure de l'âge ; quand fondra sur moi, du dehors, ou naîtra en moi, du dedans, le mal qui amoindrit ou emporte ; à la minute douloureuse où je prendrai tout à coup conscience que je suis malade ou que je deviens vieux ; à ce moment dernier, surtout, où je sentirai que je m'échappe à moi-même, absolument passif aux mains des grandes forces inconnues qui m'ont formé ; à toutes ces heures sombres, donnez-moi, mon Dieu, de comprendre que c'est Vous (pourvu que ma foi soit assez grande) qui écartez douloureusement les fibres de mon être pour pénétrer jusqu'aux moelles de ma substance, pour m'emporter en Vous.

Oui, au plus profond de ma chair, le mal est incrusté et incurable, plus ce peut être Vous que j'abrite comme un principe aimant, actif, d'épuration et de détachement. Plus l'avenir s'ouvre devant moi comme une crevasse vertigineuse ou un passage obscur, plus, si je m'y aventure sur votre parole, je puis avoir confiance de me perdre ou de m'abîmer en Vous – d'être assimilé par votre corps, Jésus.

Ô Énergie de mon Seigneur, Force irrésistible et vivante, parce que de nous deux, vous êtes le plus fort, infiniment, c'est à Vous que revient le rôle de me brûler dans l'union qui doit nous fondre ensemble. Donnez-moi donc quelque chose de plus précieux encore que la grâce pour laquelle vous prient tous vos fidèles. Ce n'est pas assez que je meure en communiant. Apprenez-moi à communier en mourant.

Pierre Teilhard de Chardin

## Mystère de Noël

Ô doux Enfant de Bethléem,
accorde-nous de communier
de toute notre âme au profond mystère de Noël.

Mets dans le cœur des hommes cette
paix qu'ils recherchent parfois
si âprement et que toi seul peux leur donner.

Aide-les à se connaître mieux
et à vivre fraternellement
comme les fils d'un même Père.

Découvre-leur aussi ta beauté,
ta sainteté et ta pureté.
Éveille dans leur cœur l'amour
et la reconnaissance pour ton infinie bonté.

Unis-les tous dans ta charité
et donne-nous ta céleste paix.
Amen.

Jean XXIII (1881-1963)

# Pietà

Venez gémissements, lamentations et larmes,
Venez sanglots et cris, montez comme la mer,
Balayez de vos flots tous nos refus amers,
Coulez abondamment de la source de l'âme.

La mort a donc touché la Victime docile,
Dieu rassemble la nuit, tout autour de la Croix,
Et l'on a déposé son Fils entre tes bras.
Que ton Dieu pèse lourd à tes genoux fragiles.

Tu peux le regarder encore un peu de temps,
Et laver de tes pleurs un visage sanglant,
Écorcher tes doigts clairs à sa dure couronne

Serrer contre ton cœur sa poitrine blessée,
Et contempler l'Amour, dans sa chair déchirée,
Qui nous rend à la vie où la vie abandonne.

Raïssa Maritain (1883-1960)

## Prière pour toutes sortes de nécessités

Mon Dieu, je viens à vous pour trouver un peu d'aide
avec les pauvres gens qui me chargent le cœur.
Ils souffrent. Je ne sais où trouver le remède
À leur sort ni comment leur ôter leur douleur.
Mon Dieu, mon Dieu, votre pitié voit plus clair que la
[nôtre.
Je les apporte à vos genoux l'un après l'autre :
Délivrez-les du mal, mon Dieu, chacun du sien…

– Moi, Seigneur ? Ô mon Dieu, je n'ai besoin de rien.
C'est ma voisine. Hélas ! mourir lui fait envie.
Elle a laissé son pain se perdre et n'en a plus.
Elle ne savait pas se servir de sa vie
Et la voilà qui reste avec son corps perclus,
Sa misère sans bout, ses vieux jours hors d'usage.
Ah ! pour sortir de là, trouvez-nous un passage.
Je suis pauvre et c'est peu que lui donner du mien…

– Moi, Seigneur ? Ô Mon Dieu, je n'ai besoin de rien.
C'est mon frère malade – Hélas ! traîner l'année
Toujours dans la même aigre et dolente saison,
Sécher sans fruit, pareil à la graine fanée
Qui ne peut pas lever et gît sous le gazon,
Savez-vous, ô vous, Dieu, comme l'épreuve est dure ?
Moi qui le sais, j'implore. Empêchez qu'elle dure
Pour celui-là, parlez et sa force revient…

– Moi, Seigneur ? Ô mon Dieu, je n'ai besoin de rien.
C'est mon amie en deuil. Pâle en sa maison vaine
Où ses yeux ne sont plus, elle cherche sans voir,
Elle vague, épiant le choc sourd de sa peine.
Mon Dieu, ne la laissez pas seule avec le soir,
Mais descendez près d'elle, allez-y tout à l'heure
Pour l'aider à pleurer et pendant qu'elle pleure,
D'elle au monde en secret, renouez le lien…

– Moi, Seigneur ? Ô mon Dieu, je n'ai besoin de rien.
C'est ma petite sœur qui n'est guère jolie,
Ma sœur pareille à moi qui n'a pas de bonheur.
C'est difficile, ô Dieu, même quand on l'oublie,
De marcher tous les jours sans soleil dans le cœur,
De passer sans entrer sur le seuil des tendresses.
Père, ah ! qu'un peu d'amour par pitié la caresse,
Être heureuse un moment lui ferait tant de bien !…

– Moi, Seigneur ? Ô mon Dieu, je n'ai besoin de rien.
Mon vieux maître… Il a lu de quoi remplir dix têtes.
Comme il vous servirait, ô mon Dieu ! mieux que moi,
Lui si bon, s'il savait seulement qui vous êtes.
Ne lui direz-vous rien qui lui souffle la foi ?
Le malheureux, il n'a que lui comme lumière !
Où vous trouverait-il ? Cherchez-le la première,
Ô Grâce, commencez avec lui l'entretien…

– Moi, Seigneur ? Ô mon Dieu, je n'ai besoin de rien.
Ma mère… Un cœur toujours sur le point de se fendre,
Perdu – comme le mien – quand il fait sûr autour.

Dans son trouble, Seigneur, qui saurait l'aller prendre
Et du fond de sa nuit, le ramener au jour ?
Mais vous qui le voyez battre en la pauvre femme,
Ô mon Dieu, préparez dans l'ombre de cette âme,
Dès un nouvel émoi, vite, un nouveau soutien…

– Moi, Seigneur ? Ô mon Dieu, je n'ai besoin de rien.
Regardez, ô, mon Dieu, tous ceux que je rencontre,
Ceux en qui je m'arrête à souffrir un instant
Et que je laisse après. Seigneur, je vous les montre,
Vous, souvenez-vous d'eux que j'oublie – ils sont tant ! –,
Demeurez avec eux tandis que moi je passe,
Portez-les jusqu'au soir puisqu'avant je suis lasse,
Sauvez-les tous pour moi qui n'ai pas le moyen…

– Moi, Seigneur ? Ô mon Dieu, je n'ai besoin de rien.
C'est vrai, je n'ai guère eu de chance ni d'adresse,
Ni de bien beau chemin depuis que j'ai marché,
Ni tout à fait assez peut-être de tendresse.
– Mon cœur tremblait si fort que j'aurai mal cherché –
C'est vrai, mon Dieu, je n'ai nul bien d'aucune sorte,
Ni bonheur, ni santé, ni richesse. N'importe,
J'ai tout ce qu'il me faut et vous le savez bien,
Dieu de joie, ô mon Dieu, je n'ai besoin de rien.

Marie Noël (1883-1967)

## Moi, vieille

Mon Dieu,
Que vous offrirai-je désormais, moi vieille ?
Que puis-je, toute valeur perdue et le reste de mon reste tombant en poussière chaque jour davantage, que puis-je vous offrir aujourd'hui qui n'est plus même un jour mais une chute sans merci d'heures déchues et détachées de vie,

Ô mon Dieu, que vous offrirai-je ?
Je vous offrirai ma destruction selon ma Volonté et l'ordre prescrit par Vous à toute sa créature.
Souffle, goutte à goutte, je vous offrirai l'ultime sacrifice humain dans un temple sans fidèles où, pour la plus secrète des immolations au plus retiré des tabernacles, seront Seul, seront Un, prêtre et hostie, sacrifice et victime,
Moi-même.
Ainsi soit-il.

Marie Noël

## David vaincu

Je cours – et me crois libre ; un vent de somnolence
Remue en moi les branches lourdes du Désir,
Et ma main, se levant vers l'arbre de Science,
A la forme du fruit qu'elle voudrait saisir.

Mais – grâce insidieuse, inhumain maléfice –
Quelqu'un mourait pour moi qui ne le savais pas ;
À l'instant de cueillir le fruit de mes délices,
Quelque mort bien-aimé se couchait sous mes pas.

Providence implacable, en ruses si féconde,
Ô vous, de mon désir adorable Ennemi
Qui sûtes écarter, d'un front déjà soumis,
Le joug délicieux et criminel du monde,

Dieu géant ! regardez, honteux, chétif et nu,
Cet enfant qui vous brave, et sa fronde sans pierre,
Et ses genoux blessés par de vieilles prières,
Mon désir – ce David qui veut être vaincu.

François Mauriac (1885-1970)

## Tu sais qui nous sommes

Seigneur, notre Dieu !
Tu sais qui nous sommes :
des hommes
qui ont bonne conscience
et des hommes
qui ont mauvaise conscience,
des gens contents et des gens mécontents,
des gens rassurés et des gens anxieux,
des croyants, des demi-croyants
et des incroyants…
Maintenant,
nous voici tous devant toi
dans nos différences,
tous égaux,
car nous sommes tous dans notre tort
vis-à-vis de toi,
et les uns à l'égard des autres ;
égaux parce que nous devrons tous mourir un jour ;
égaux parce que nous serions tous perdus sans ton Amour ;
mais égaux aussi parce que ton aide
nous est à tous promise et accordée
en ton Fils bien-aimé,
notre Seigneur Jésus-Christ.

Karl Barth (1886-1968)

## Sous le soleil de Satan...

Seigneur, il n'est pas vrai que nous Vous ayons maudit ; qu'il périsse plutôt, ce menteur, ce faux témoin, votre rival dérisoire ! Il nous a tout pris, nous laisse tout nus, et met dans notre bouche une parole, impie. Mais la souffrance nous reste, qui est notre part commune avec Vous, le signe de notre élection, héritée de nos Pères, plus active que le feu chaste, incorruptible... Notre intelligence est épaisse et commune, notre crédulité sans fin, et le suborneur subtil, avec sa langue dorée... Sur ses lèvres, les mots familiers prennent le sens qu'il lui plaît, et les plus beaux nous égarent mieux. Si nous nous taisons, il parle pour nous et, lorsque nous essayons de nous justifier, notre discours nous condamne. L'incomparable raisonnable, dédaigneux, de contredire s'amuse à tirer de ses victimes leur propre sentence de mort. Périssent avec lui les mots perfides ! C'est par son cri de douleur que s'exprime la race humaine, la plainte arrachée à ses flancs par un effort démesuré. Vous nous avez jetés dans l'épaisseur comme un levain. L'univers, que le péché nous a ôté, nous le reprendrons pouce par pouce, nous Vous le rendrons tel que nous le reçûmes, dans son ordre et sa sainteté, au premier matin des jours. Ne nous mesurez pas le temps, Seigneur ! Notre attention ne se soutient pas, notre esprit se détourne si vite ! Sans cesse le regard épie, à droite ou à gauche, une impossible issue ; sans cesse l'un de vos ouvriers jette son outil et s'en va. Mais votre pitié, elle, ne se lasse point et partout Vous nous présentez la pointe du glaive ; le fuyard reprendra sa tâche, ou périra dans la solitude… Ah ! l'ennemi qui sait tant de choses ne saura pas celle-là ! Le plus vil des hommes emporte avec lui son secret, celui de la souffrance efficace, purificatrice… Car ta douleur est stérile, Satan !

Georges Bernanos (1888-1948)

## Si je t'appartiens...

En vérité, qui suis-je pour prétendre que je ne T'appartiens pas ? C'est qu'en effet si je T'appartiens, cela ne veut pas dire : je suis Ta possession ; ce n'est pas sur le plan de l'avoir que ce mystérieux rapport se situe, comme ce serait le cas si Tu étais une puissance finie. Non seulement, Tu es liberté, mais Tu me veux, Tu me suscites, moi aussi comme liberté. Tu m'appelles à me créer, Tu es cet appel même. Et si je me refuse à lui, c'est-à-dire à Toi, si je m'obstine à déclarer que je ne m'appartiens qu'à moi-même, c'est pour autant comme si je me murais ; c'est comme si je m'attachais à étrangler de mes mains cette réalité au nom de laquelle je crois te résister.

S'il en est ainsi, reconnaître que je T'appartiens à Toi, c'est reconnaître que je ne m'appartiens à moi-même qu'à cette condition – bien plus, que cette appartenance est identique, et qu'elle se confond avec la seule liberté authentique et plénière à laquelle je puisse prétendre : cette liberté est un don.

Gabriel Marcel (1889-1973)

## L'Esprit est ouragan

Ô Dieu
Tu nous as créés par le souffle de ton Esprit :
Tu nous sanctifies dans ta sainte Église
par le souffle de ton Esprit,
pour que nous soyons les hommes de ce souffle,
pour que notre chair et notre sang,
pour que notre vie, nos activités, nos souffrances,
ne soient qu'une inspiration constante
du souffle de ton Esprit-Saint,
pas pour nous, non, mais pour le salut du monde !

Nous ne sommes pas appelés à rester paresseusement en toi ;
nous ne sommes pas appelés à nous cacher en toi ;
nous sommes appelés à être ton amour.

Pour que tu nous déverses au-dehors,
pour que tu nous disperses au vent,
pour que tu nous jettes en rafale
aux quatre coins du monde.

Ô Seigneur, il faut venir avec toute ton impétuosité.
Ô Seigneur, il faut venir avec toute ta force.
Ô Seigneur, il faut venir avec toute ta puissance.
Ô Seigneur, fais venir enfin sur nous la Pentecôte !

C'est pourquoi, Seigneur, nous te rendons grâce,
si nous commençons à ressentir ton Esprit
qui mugit et agit,
qui veut nous forcer,
qui veut nous pousser,
et qui, fougueusement, veut nous emporter !

Seigneur, même si l'angoisse nous brûle,
même si la lâcheté se fait lancinante,
nous t'en supplions :
n'écoute pas notre angoisse,
n'écoute pas notre lâcheté,
prends-nous tout entiers,
prends-nous chair et sang,
prends-nous corps et âme,
prends-nous cœur et esprit !

Erich Przywara (1889-1972)

# Qui es-tu ?

Qui es-Tu, douce lumière qui m'inondes
Et illumines l'obscurité de mon cœur ?
Tu me conduis par la main comme une mère,
Et si Tu me lâchais, je ne saurais faire un pas de plus.
Tu es l'espace qui enveloppe mon être et le garde en lui,
Abandonné de Toi, il tomberait dans l'abîme du néant
dont Tu me tiras pour m'élever à la lumière.
Toi, plus proche de moi que je ne le suis de moi-même,
Plus intérieur que mon être le plus intime
Et pourtant insaisissable et inouï,
Surpassant tout nom :
Esprit Saint – Amour éternel.

Édith Stein (1891-1942)

# Bénis, Seigneur, tous ceux qui sont dans la tristesse

Bénis l'esprit brisé
des souffrants,
la lourde solitude des hommes,
l'être qui ne connaît nul repos,
la souffrance qu'on ne confie
jamais à personne.

Bénis le cortège
de ces noctambules
que n'épouvante pas le spectre
des chemins inconnus.

Bénis la misère des hommes
qui meurent en cette heure.
Donne-leur, mon Dieu,
une bonne fin.

Bénis les cœurs, Seigneur,
les cœurs amers.
avant tout.
Donne aux malades
le soulagement,
enseigne l'oubli
à ceux que tu as privés
de leur bien le plus cher.

Ne laisse personne sur la terre entière
dans la détresse.

Bénis ceux qui sont dans la joie,
Protège-les, Seigneur.
Moi, tu ne m'as jamais,
À ce jour, délivrée de la tristesse.
Elle me pèse parfois beaucoup.
Néanmoins tu me donnes ta force
Et je peux ainsi la porter.

Édith Stein

# Prière d'abandon

Ô Seigneur Dieu, donne-moi
Tout ce qui peut me conduire à Toi.
Ô Seigneur Dieu, éloigne de moi
Tout ce qui peut me détourner de Toi.
Ô Seigneur Dieu, fais que je ne sois plus à moi
Mais que je sois totalement à Toi.

Édith Stein

# Marie

Ô Vierge Immaculée,
Élue entre toutes les femmes
Pour donner au monde le Sauveur.

Servante fidèle du mystère de la Rédemption,
Donnez-nous de répondre à l'appel de Jésus
Et de le suivre sur le chemin de la vie
Qui conduit au Père.

Vierge toute sainte,
Arrachez-nous au péché,
Transformez nos cœurs.

Reine des apôtres,
Faites de nous des apôtres !
Qu'en vos mains toutes pures, nous devenions
Des instruments dociles et aimants
Pour achever de purifier et de sanctifier
Notre monde pécheur.

Partagez en nous le grave souci
Qui pèse sur votre cœur maternel,
Et aussi votre vive espérance :
Qu'aucun homme ne soit perdu.

Que la création entière puisse avec vous,
Ô Mère de Dieu, tendresse de l'Esprit-Saint,
Célébrer la louange de la Miséricorde
Et de l'Amour infini.

Maximilien Kolbe (1894-1941)

## Pour obtenir de passer du Dieu des philosophes au Dieu des chrétiens

Dieu qui n'êtes à personne, je voudrais vous appeler mon Dieu.

Mon Dieu qui ne pouvez engendrer, je voudrais vous appeler mon Père et même notre Père.

Notre Père qui n'êtes nulle part, je voudrais vous placer aux cieux.

Vous qui n'avez pas de nom, que votre nom soit sanctifié,

Que votre règne, pour lequel nos souhaits sont inutiles, arrive.

Que votre volonté, qui ne peut pas ne pas être faite, soit faire.

Donnez-nous ce qui, nécessairement, émane de vous.

Vous qui ne pouvez être offensé, pardonnez-nous nos offenses.

En nous imitant, vous qui ne pouvez ni imiter ni être imité.

Et ne nous laissez pas succomber à la tentation qui ne peut pas être suscitée par vous.

Mais délivrez-nous du mal qui n'existe pas si vous existez.

Jean Grenier (1898-1971)

## Pour obtenir de passer du Dieu des chrétiens au Dieu des philosophes

Dieu, faites que j'ai une conception tellement digne de votre sublimité,
que je vous croie d'une nature incompréhensible à l'homme,
et sans aucune communication possible avec lui,

que je n'attende rien de vous pas plus que vous n'attendez de moi,

que je vous porte un amour tellement spirituel qu'il soit invisible,

que ceux qui se réclament de vous paraissent poussière à côté de moi qui vous ignore comme vous m'ignorez,

que je puisse vous donner, indifféremment et sans que ces appellations signifient quelque chose, les noms de principe, Vérité, Tout-Être, Non-Être, Logos et Idéal,

que je ne tienne aucun compte de vous dans ma vie, sinon pour affirmer que ce qui est mal aux yeux des hommes est sans doute bon à vos yeux, de sorte que je puisse agir tantôt selon leur justice à eux tantôt selon votre justice à vous, enfin que je vous place si haut dans ma pensée et dans mes actes qu'il n'y ait aucune différence à votre sujet entre les athées et moi.

Jean Grenier

## Prière de la solitude

Ayez pitié de moi, Seigneur, car me pèse ma solitude. Il n'est rien que j'attende. Me voici dans cette chambre où rien ne me parle. Et cependant ce ne sont point des présences que je sollicite, me découvrant plus perdue encore si je m'enfonce dans la foule. Mais telle autre qui me ressemble, seule aussi dans une chambre semblable, voici cependant qu'elle se trouve comblée si ceux de sa tendresse vaquent ailleurs dans la maison. Elle n'en reçoit rien dans l'instant. Mais il lui suffit pour être heureuse de connaître que sa maison est habitée.

Seigneur, je ne réclame rien non plus qui soit à voir ou à entendre. Vos miracles ne sont point pour les sens. Mais il vous suffit pour me guérir de m'éclairer l'esprit sur ma demeure.

Le voyageur dans son désert, s'il est, Seigneur, d'une maison habitée, malgré qu'il la sache aux confins du monde, s'en réjouit. Nulle distance ne l'empêche d'en être nourri, et s'il meurt dans l'amour… Je ne demande donc même pas, Seigneur, que ma demeure me soit prochaine.

Le promeneur qui dans la foule a été frappé par un visage, le voilà qui se transfigure, même si le visage n'est pas pour lui. Ainsi de ce soldat amoureux de la reine. Il devient soldat d'une reine. Je ne demande donc même pas, Seigneur, que cette demeure me soit promise.

La solitude, Seigneur, n'est fruit que de l'esprit s'il est infirme. Il n'habite qu'une patrie, laquelle est sens des choses. Ainsi le temple quand il est sens des pierres. Il n'a d'ailes que pour cet espace. Il ne se réjouit point des objets mais du seul visage qu'on lit au travers et qui les noue. Faites simplement que j'apprenne à lire.
Alors, Seigneur, c'en sera fini de ma solitude.

Antoine de Saint-Exupéry (1900-1944)

## Hymne de Noël

Noël ! Noël !
C'est Jésus Rédempteur !
Que pouvons-nous contempler de plus beau !
Que pouvons-nous admirer de plus sublime,
Que pouvons-nous adorer de plus merveilleux
Que la naissance du Fils de Dieu,
Jésus venu apporter et allumer le feu (son Feu)
Sur la terre.
Quand une étincelle de cet amour a jailli dans un cœur,
Il incendie l'âme du désir de connaître et d'aimer
Ce Dieu toujours plus… de l'aimer sans partage,
Comme il veut qu'on l'aime.
Dieu s'abaissant jusqu'à la créature
Pour lui permettre d'aller jusqu'à lui…

Marthe Robin (1902-1981)

## Prière à l'approche de la mort

Seigneur,
c'est parce que nous prenons ta mort
que nous y pensons si rarement,
que la pensée de notre propre mort
nous reste étrangère et lointaine.
Même quand de sérieux signes précurseurs
nous la rappellent,
nous repoussons la pensée de notre mort
et continuons à vivre
comme si notre existence sur terre
ne devait pas prendre fin.

Un jour, pourtant,
nous réalisons qu'il nous faut mourir ;
donne-nous alors, Seigneur,
de n'être pas totalement pris au dépourvu.
Fais-nous comprendre notre mort
dans son rapport avec la tienne,
à savoir que Tu es mort pour nous tous
et qu'à notre mort
nous ne pourrons plus faire autrement
que d'être avec Toi.

Tu as transformé la punition de la mort
en grâce de la vie éternelle à venir.

De ce don que Tu nous fais,
nous pouvons nous réjouir.
Même si le passage est difficile,
même si la douleur nous submerge,
même si l'angoisse monte
et si l'incertitude s'empare de nous :
que tous ces tourments arrivent,
si Tu le veux ainsi,
pour que Tu puisses cueillir
quelque chose de notre vie,
un fruit tardif enfin à ta disposition.

Accorde-nous de mourir comme Tu le veux,
peut-être dans la crainte,
peut-être dans la douleur extrême,
peut-être dans notre sommeil,
ou bien en vivant heure après heure
l'approche de la mort,
mais toujours en pensant à Toi,
dans la certitude que toute mort,
même celle des ténèbres,
t'appartient et a été vécue par Toi sur la croix.

Accorde-nous de mourir croyants,
que notre foi rayonne
sur ceux qui assistent à notre mort,
qu'elle soit pour eux une aide
et plus tard peut-être,
quand leur heure sonnera,
une consolation.

Seigneur, manifeste ta présence
à tous ceux que nous laissons,
aide-les à supporter leur chagrin,
reste avec eux jusqu'à la fin de leurs jours.
Amen.

Adrienne von Speyr (1902-1967)

## L'angoisse de la misère universelle

Seigneur, apprenez-nous à ne plus aimer nous-mêmes,
à ne plus nous contenter d'aimer les nôtres.
Apprenez-nous à ne penser qu'aux autres
Et d'abord à aimer ceux qui ne sont pas aimés.
Faites-nous mal avec la souffrance des autres.
Seigneur, donnez-nous la grâce de réaliser
qu'à chaque minute de notre vie,
de notre vie heureuse et par Vous protégée,
il y a des millions d'êtres humains,
nos fils, nos frères, qui meurent de faim,
qui meurent de froid,
et qui n'ont pas mérité de mourir de froid.

Seigneur, ayez pitié de tous les pauvres du monde,
pardonnez-nous de les avoir trop longtemps,
par peur honteuse, abandonnés.
Seigneur,
Ne permettez plus que nous soyons heureux tout seuls,
donnez-nous l'angoisse de la misère universelle
et délivrez-nous de nous-mêmes
si telle est Votre volonté.

Raoul Follereau (1903-1977)

# Vieillesse

Seigneur,
Qui avez partagé la vie de l'homme en étapes
Et qui avez fait la vieillesse,
Ne permettez pas que je devienne
un de ces vieux grognons,
toujours en train de dénigrer,
de rouspéter, de ronchonner,
attristants pour eux-mêmes,
insupportables aux autres.
Gardez-moi le sourire et le rire,
même s'ils ouvrent une bouche édentée
ou découvrent des dents artificielles.
Gardez-moi le sens de l'humour,
qui remet les choses, les gens
– et moi-même – à leur juste place

Seigneur,
qui avez planté dans ma poitrine un cœur de chair
pour aimer et être aimé,
un cœur semblable au Cœur de votre Fils,
ne permettez pas
que je devienne un vieillard égoïste,
sans cesse travaillé par la crainte
du manque et des courants d'air.

Gardez-moi un cœur ouvert,
une main toujours prête à serrer d'autres mains
et à s'ouvrir pour le don.

Faites de moi, Seigneur, un vieillard généreux,
qui partage ses quatre sous
avec ceux qui n'ont point de terre,
qui caresse au passage les chiens et les chats,
qui sourit aux petits enfants,
et émiette du pain aux moineaux
dans les jardins publics.

Seigneur, éternel présent,
faites que je revive mon passé avec joie,
mais que je sache comprendre
et aimer cet aujourd'hui,
qui est vôtre comme le passé et l'avenir.
Faites de moi, Seigneur,
un vieillard qui n'a pas oublié sa jeunesse
et que rajeunit la jeunesse des autres.

Seigneur, qui avez fixé les saisons de l'année
et celles de la vie,
faites que je sois un homme de toutes les saisons.
Je ne vous demande pas le bonheur,
car je sais trop que nulle saison ne l'apporte,
pas même le printemps.
Je vous demande simplement

que mon arrière-saison soit belle,
afin qu'elle porte témoignage à votre beauté.

Amen.

Joseph Folliet (1903-1972)

# Le bal de l'obéissance

Pour être un bon danseur, avec vous comme ailleurs,
il ne faut pas savoir où cela mène.
Il faut suivre.
Être allègre.
Être léger
Et surtout ne pas être raide.
Il ne faut pas vous demander d'explications
Sur les pas qu'il vous plaît de faire.
Il faut être comme un prolongement
Agile et vivant de vous,
Et recevoir par vous la transmission du rythme de
[l'orchestre.
Il ne faut pas vouloir à tout prix avancer,
Mais accepter de tourner, d'aller de côté.
Il faut savoir s'arrêter et glisser au lieu de marcher.
Et cela ne serait que des pas imbéciles
Si la musique n'en faisait une harmonie.
Mais nous oublions la musique de votre esprit,
Et nous faisons de notre vie, un exercice de gymnastique ;
Nous oublions que dans vos bras, elle se danse,
Que votre sainte Volonté
Est d'une inconcevable fantaisie
Et qu'il n'est de monotonie et d'ennui
Que pour les vieilles âmes
Qui font tapisserie

Dans les bras joyeux de votre amour
[…]
Fais-nous vivre notre vie,
Non comme un jeu d'échecs où tout est calculé,
Non comme un match où tout est difficile,
Non comme un théorème qui nous casse la tête,
Mais comme une fête sans fin où votre rencontre se
[renouvelle,
Comme un bal
Comme une danse
Entre les bras de votre grâce
Dans la musique universelle de l'amour.
Seigneur, venez nous inviter.

Madeleine Delbrêl (1904-1964)

## Ma vie quotidienne est Ta journée

Mon Dieu, si tout peut contribuer à m'éloigner de Toi, si la prière elle-même et les saintes célébrations et le recueillement du couvent et toutes les déceptions de la vie ne peuvent me sauver du danger d'être loin de Toi, j'en conclus que les choses saintes, tout en paraissant distinctes de ma vie quotidienne, en sont partie intégrante. Oui, et dans ce cas, ma « vie quotidienne » n'est pas seulement la tranche la plus longue. Non, elle est *toute* ma vie. Ma vie tout entière est « quotidienne ». Tout y est capable de me gâcher, de me ravir l'unique nécessaire : Toi, ô mon Dieu.

Oui, mais s'il est vrai que Tu ne m'as pas réservé un refuge où je sois toujours à même de Te trouver, s'il est vrai que tout peut contribuer à Te perdre, Toi, l'Unique, il faut nécessairement que je puisse Te trouver en toutes choses. Car il est impossible que l'homme n'arrive jusqu'à Toi. Il faut donc que je Te cherche partout en toutes choses. Chacune des journées de ma vie quotidienne est *Ta* journée : journée de ta grâce, journée de Ton amour.

Tout, dans ma vie, est quotidien, et pourtant chacune de mes journées est *Ta* journée. Ainsi, mon Dieu, je comprends, une fois de plus, ce que je sais depuis longtemps. Et ce que mon intelligence m'a répété si souvent, je le saisis d'une manière plus vivante dans mon cœur. Car à quoi servent les vérités de l'intelligence si elles n'alimentent la vie de mon cœur ?

Karl Rahner (1904-1984)

## Prière pour son ennemi

Père, sa joie m'attristait,
je te prie, établis-le dans la joie !
On l'entoure, on l'admire, on le loue :
Qu'il soit toujours plus entouré, admiré, loué !
Prends mes deux mains et contraints-les d'applaudir à sa
[gloire !
Je dirai le bien qu'il fait, je tairai le mal qui est en lui
et que je suis seul à connaître.
Je t'offre la souffrance de ce combat de ma volonté
contre mon mauvais cœur.

François Varillon (1905-1978)

## Ouvrez-nous donc la porte

Ouvrez-nous donc la porte et nous verrons les vergers,
Nous boirons leur eau froide où la lune a mis sa trace.
La longue route brûle, ennemie aux étrangers,
Nous errons sans savoir et ne trouvons nulle place.

Nous voulons voir des fleurs. Ici, la soif est sur nous.
Attendant et souffrant, nous voici devant la porte.
S'il le faut nous romprons cette porte avec nos coups.
Nous pressons et nous poussons, mais la barrière est trop
[forte.

Il faut languir, attendre et regarder vainement.
Nous regardons la porte ; elle est close, inébranlable.
Nous y fixons nos yeux ; nous pleurons sous le
[tourment ;
Nous la voyons toujours, le poids du temps nous accable.

La porte est devant nous ; que nous sert-il de vouloir ?
Il vaut mieux s'en aller abandonnant l'espérance.
Nous n'entrerons jamais. Nous sommes las de la voir…
La porte en s'ouvrant laissa passer tant de silence.

Que ni les vergers ne sont parus ni nulle fleur ;
Seul l'espace immense où sont le vide et la lumière

Fut soudain présent de part en part, combla le cœur,
Et lava les yeux presque aveugles sous la poussière.

Simone Weil (1909-1943)

# Louange dans l'épreuve

Ô Dieu, je t'invoque à l'aube !
Aide-moi à prier et à réunir mes pensées ;
Seul, je ne le peux.

En moi, tout est sombre, mais auprès de toi est la lumière ;
Je suis seul, mais tu ne m'abandonnes pas ;
Je suis sans courage, mais le secours est auprès de toi ;
Je suis anxieux, mais la paix est auprès de toi ;
Je ne comprends pas tes voies, mais tu connais pour moi
[le droit chemin.

Père du Ciel,
Je te loue et te rends grâces pour le repos de la nuit ;
Je te loue et te rends grâces pour le jour nouveau ;
Je te loue et te rends grâces pour toutes tes bontés et pour
[ta fidélité
Dans ma vie passée.
Tu m'as fait beaucoup de bien,
Donne-moi d'accepter maintenant de ta main ce qui
[me pèse.
Tu ne me chargeras pas d'un fardeau que je ne puis porter
Tu fais servir toutes choses au bien de tes enfants.

Seigneur Jésus-Christ,
Tu étais pauvre et misérable, prisonnier et abandonné
[comme je le suis.

Tu connais toute la misère des hommes ;
Si aucun homme ne m'assiste, tu restes avec moi,
Tu ne m'oublies pas et tu me cherches,
Tu veux que je te reconnaisse et que je me tourne vers toi.
Seigneur, j'entends ton appel et je le suis ;
Aide-moi.

Dietrich Bonhoeffer (1906-1945)

# Prière de paix

Seigneur Jésus, à la fin de ce livre que je T'offre comme un ciboire de souffrances
Au commencement de la Grande Année, au soleil de Ta paix sur les toits neigeux de Paris
– Mais je sais bien que le sang de mes frères rougira de nouveau l'Orient jaune, sur les bords de l'océan Pacifique que violent tempêtes et haines
Je sais bien que ce sang est la libation printanière dont les Grands-Publicains depuis septante années engraissent les terres d'Empire
Seigneur, au pied de cette croix – et ce n'est plus Toi l'arbre de douleur, mais au-dessus de l'Ancien et du Nouveau Monde, l'Afrique crucifiée
Et son bras droit s'étend sur mon pays, et son côté gauche ombre l'Amérique
Et son cœur est Haïti, cher Haïti qui osa proclamer l'Homme en face du Tyran.
Au pied de mon Afrique crucifiée depuis quatre cents ans et pourtant respirante
Laisse-moi Te dire Seigneur, sa prière de paix et de pardon.

II

Seigneur Dieu, pardonne à l'Europe blanche !
Et il est vrai, Seigneur, que pendant quatre siècles de lumières, elle a jeté la bave et les abois de ses molosses sur mes terres

Et les chrétiens, abjurant Ta lumière et la mansuétude de Ton cœur,
Ont éclairé leurs bivouacs avec mes parchemins, torturé mes talbés, déporté mes docteurs et mes maîtres-de-science.
Seigneur, pardonne à ceux qui ont fait des Askia des maquisards, de mes princes des adjudants,
De mes domestiques des *boys* et de mes paysans des salariés, de mon peuple un peuple de prolétaires.
Car il faut bien que Tu pardonnes ceux qui ont donné la chasse à mes enfants comme à des éléphants sauvages.
Et ils les ont dressés à coups de chicotte, et ils ont fait d'eux les mains noires de ceux dont les mains étaient blanches.
Car il faut bien que Tu oublies ceux qui ont exporté dix millions de mes fils dans les maladreries de leurs navires,
Qui en ont supprimé deux cents millions.
Et ils m'ont fait une vieillesse solitaire parmi la forêt de mes nuits et la savane de mes jours.
Seigneur la glace de mes yeux s'embue
Et voilà que le serpent de la haine lève la tête dans mon cœur, ce serpent que j'avais cru mort…

Tue-le Seigneur, car il me faut poursuivre mon chemin, et je veux prier singulièrement pour la France.
Seigneur, parmi les nations blanches, place la France à la droite du Père.
Oh ! je sais bien qu'elle aussi est l'Europe, qu'elle m'a ravi mes enfants comme un brigand du Nord des bœufs, pour engraisser ses terres à cannes et coton, car la sueur nègre est fumier.

Oui, Seigneur, pardonne à la France qui dit bien la voie droite et chemine par les sentiers obliques,
Qui m'invite à sa table et me dit d'apporter mon pain, qui me donne de la main droite et de la main gauche enlève la moitié.
Oui Seigneur, pardonne à la France qui hait les occupants et m'impose l'occupation si gravement
Qui ouvre des voies triomphales aux héros et traite ses Sénégalais en mercenaires, faisant d'eux les dogues noirs de l'Empire,
Qui est la République et livre les pays aux Grands-Concessionnaires,
Et de ma Mésopotamie, de mon Congo, ils ont fait un grand cimetière sous le soleil blanc.

Ah ! Seigneur, éloigne de ma mémoire la France qui n'est pas la France, ce masque de petitesse et de haine sur le visage de la France,
Ce masque de petitesse et de haine pour qui je n'ai que haine – mais je peux bien haïr le Mal.
Car j'ai une grande faiblesse pour la France.
Bénis ce peuple garrotté qui par deux fois sut libérer ses mains et osa proclamer l'avènement des pauvres à la royauté
Qui fit des esclaves du jour des hommes libres égaux fraternels
Bénis ce peuple qui m'a apporté Ta Bonne Nouvelle, Seigneur, et ouvert mes paupières lourdes à la lumière de la foi.
Je sais que nombre de Tes missionnaires ont béni les armes de la violence et pactisé avec l'or des banquiers
Mais il faut qu'il y ait des traîtres et des imbéciles.

Ô bénis ce peuple, Seigneur, qui cherche son propre visage sous le masque et a peine à le reconnaître
Qui Te cherche parmi le froid, parmi la faim qui lui rongent os et entrailles
Et la fiancée pleure sa viduité, et le jeune homme voit sa jeunesse cambriolée
Et la femme lamente oh ! l'œil absent de son mari, et la mère cherche le rêve de son enfant dans les gravats.
Ô bénis ce peuple qui rompt ses liens, bénis ce peuple aux abois qui fait front à la meute boulimique des puissants et des tortionnaires.
Et avec lui tous les peuples d'Europe, tous les peuples d'Asie tous les peuples d'Afrique et tous les peuples d'Amérique
Qui suent sang et souffrances. Et au milieu de ces millions de vagues, vois les têtes houleuses de mon peuple.
Et donne à leurs mains chaudes qu'elles enlacent la terre d'une ceinture de mains fraternelles
dessous l'arc-en-ciel de ta paix.

Léopold Sédar Senghor (1906-2001)

## Mienne est la mère de Dieu

Marie,
j'aime vous regarder dans votre humanité quotidienne,
jeune fille et femme, inconnue de tous,
mère attentive, épouse soigneuse,
femme semblable à toutes les femmes,
et toujours disponible quand Dieu lui demande :
« Où es-tu ? »
J'aime aussi vous voir au tympan des cathédrales,
la femme aux douze étoiles,
la Vierge des icônes au manteau de pourpre royale.
Mais, avec Thérèse de l'Enfant Jésus
s'exprimant sans mots superflus, je m'émerveille :
« Elle est plus mère que reine. »
Oui, tout le reste est fioritures
devant les trois mots : « Mère de Dieu ».
« Mère de Dieu », ces trois mots,
je n'aurais jamais trop d'heures de silence
pour les contempler.
Comme ces plantes du désert
qui attendent des jours, des années peut-être,
une pluie pour germer,
il nous faut les redire
jusqu'à ce que votre Fils les féconde en nous.
Cette phrase, pour moi,
est souverainement essentielle :

« Femme, voilà ton fils, Fils, voilà ta mère »,
ces ultimes paroles que dit Jésus en croix
aujourd'hui me sont dites, à moi :
déjà réalisées à l'instant de l'Annonciation…
C'est pourquoi avec la Tradition entière,
ajoutant ma voix à la multitude
qui accomplit votre prophétie :
« Oui, désormais, tous les âges
me diront bienheureuse »
(et nul ne vous connaissait alors),
je redis sans me lasser
la prière des pécheurs et des saints :
« Sainte Marie, Mère de Dieu,
priez pour nous, pauvres pécheurs,
maintenant et à l'heure de notre mort. »

Jacques Loew (1908-1999)

## J'ai passé cette nuit au mont des Oliviers

J'ai passé cette nuit au mont des Oliviers :
Étais-je auprès de Vous, bien indigne, Seigneur ?
Je ne sais, mais la chaîne était lourde à mes pieds
Et je suais aussi, comme Vous, ma sueur.
Ce n'est pas sans grand mal, voyez-Vous, qu'on arrache
Notre cœur aux seuls biens auxquels il fut voué,
Et l'ange vient trancher plutôt qu'il ne détache
Le fil de ce bateau que Vous aviez noué.

Vous avez trop connu cette terre où nous sommes,
Vous avez trop aimé l'air que nous respirions
Pour n'avoir pas souffert ce que souffrent les hommes
Et n'avoir pas gémi dans votre Passion.

Ah ! Si demain, Seigneur, du jardin des Olives
Je pouvais repartir vers le monde qu'on voit,
Laissez-moi boire encore aux fontaines d'eau vive
Et laissez s'éloigner cette coupe de moi.

Mais s'il Vous faut encor mon attente, Seigneur,
S'il Vous faut l'aube noire et la plus dure peine,
Prenez l'arrachement et prenez la douleur,
Que votre volonté soit faite, et non la mienne.

Robert Brasillach (1909-1945)

## Prier dans le métro

Seigneur, tu m'as placé ici ce soir parmi eux, dans ce contact combien étroit, parce que tu avais l'intention que je vienne te prier pour eux. Cède donc à la prière, donne ce que tu as voulu qu'on te demande.

Tu les as pétris de tes mains et tu as soufflé en eux une âme vivante et tu les as faits à ton image et ressemblance : et pourquoi tout cela ? Pour rien d'autre que te connaître, t'aimer et partager ton paradis avec toi. Alors ? Lève-toi ! Pourquoi dors-tu, ô Maître ? Mes hôtes de ce soir ont besoin de trois pains. Es-tu comme un dormeur terrassé par le vin ? Réveille-toi ! Pourquoi leur cacher ta face ? Pourquoi les oublier jusqu'à la fin ? Debout, viens à leur aide ! Rachète-les, en raison de ton amour.

N'avais-tu pas promis que lorsque le Messie serait venu, tu répandrais ton Esprit sur toute chair ? Et vois : ceux-ci ne sont que chair. Envoie ton Esprit et ils seront créés. Ce ne sont pas les morts qui te louent, Seigneur.

Ton Fils est venu apporter le feu, et son plus grand désir, c'était qu'il brûle. Et tous ces gens, vingt siècles après, n'ont jamais ouï dire qu'il y eût un feu, ni une lumière.

Ton Fils premier-né est mort voici deux mille ans pour qu'ils aient la vie, et ils ne le savent pas. Comme je voudrais le leur dire tout de suite, à mon voisin, à ma voisine, leur annoncer la bonne nouvelle que le Christ est ressuscité !

Ce n'est pas possible. On ne s'entend pas dans le métro. D'ailleurs, ils vont descendre à la prochaine station. Et puis, saurais-je trouver les mots qui leur feraient parvenir la merveilleuse annonce ?

Si je ne peux pas leur parler de toi, au moins, je puis te parler d'eux. De tout mon cœur, je te prie pour eux. Fais qu'ils te connaissent, toi et celui que tu as envoyé, Jésus-Christ. Suscite-leur des apôtres. Ménage-leur des occasions d'entendre proclamer ton nom. Poursuis-les. Œuvre en eux. Aie pitié de cette foule qui n'a pas de pain, de ces brebis qui ne connaissent pas le Pasteur. Ce sont des petits, souviens-toi de ton amour pour eux.

Ne fais pas comme le juge inique. Ne reste pas sourd et impassible, ô Dieu ! Ils font partie de mon héritage, et je t'importunerai autant qu'il faudra. Je ne te quitterai pas que tu ne les aies bénis. Ô Père tout-puissant, il t'a plu de lier ta toute-puissance à la prière de tes enfants.

Sœur Jeanne d'Arc

## Terre en marche

Terre en marche
Pas seulement mes mots, c'est moi que tu attends,
C'est moi, ton mot, que je te rends ;
avant de parler, j'étais dit.

Noie de ton ombre mes vallées
Comme tu fis à mes hauteurs :
La nuée tressaille sur ses franges.

Où est ton sacre ? Où sont tes anges ?
Découvre le buisson en feu
Sous les couches du temps passé.

Montre-moi pour ce siècle un signe
Qui l'empêche de tout traduire
Dans un langage dévalué !

Tu me pousses dans l'ombre intime…
Je pourrais mieux parler sans toi !
Donne-moi de dire avec toi.

Bénédiction du Seigneur comme nuit !
Bénédiction du Seigneur comme ciel !
Terre en marche à son ciel de nuit.

La nuée s'abaisse, elle m'étouffe,
Elle me prend et je l'aspire,
Elle m'occupe et je la souffle.

Bénédiction du Seigneur comme vie !
Mes paupières se ferment, se rouvrent,
La nuée remue, elle faiblit...

Et brusquement c'est la mer Rouge,
Toute béante sous mes yeux,
Depuis si longtemps derrière eux.

Patrice de la Tour du Pin (1911-1975)

# Tout est accompli

Tout est accompli.
Ton regard, Seigneur, qui a baptisé la terre,
Ton regard qui éternise
Et qui a revêtu d'une lumière nouvelle les êtres
Et les petites choses de la vie.
Ton regard n'est plus.

Tout est accompli.
Ils sont fixés pour toujours
Ils ne sortiront plus de la mémoire humaine
Ceux que tu as rencontrés dans la parabole de ta vie,
L'apôtre et le miséreux,
Le jeune homme riche et la femme du puits de Jacob,
Pilate qui se lavera les mains jusqu'à la fin des temps,
Caïphe le doigt levé pour énoncer les mornes sentences.

De toutes les sagesses pourries par l'avarice du cœur,
L'aveugle qui a vu son visage monter du fond des eaux,
Lazare debout, échappé aux griffes molles des ténèbres,
Marthe qui n'avait pas une minute à elle
Et sa sœur contemplative qui avait choisi la meilleure
[part,
Nicodème qui aurait bien voulu comprendre
Et le centurion qui ne doutait pas !

Tout est accompli.
Ton corps transpercé, détaché de la croix,
Glisse dans les bras de ta mère,
De Jean le fils que tu lui as légué,
De Madeleine auprès d'eux qui brûle
Comme une torsade de douleur.

Ô Marie !
Être bénie entre toutes les femmes
Cela signifiait donc qu'il te serait tout demandé
De subir, de savoir, et d'accepter ?
Tout est accompli.
Sur le tertre des suppliciés
Où le monde se donne la mort en spectacle,
Il n'y a plus autour de Toi que ces trois êtres immenses
Qui rayonneront jusqu'à la fin des jours
Et qui te pleurent,
Ô Christ,
Irruption de lumière enfouie.

André Frossard (1915-1995)

## T'accueillir

Toi le Christ,
Sauveur de toute vie,
tu viens à nous toujours.
T'accueillir dans la paix des nuits, dans le silence des jours
dans la beauté de ta création,
comme aux heures de grands combats intérieurs,
t'accueillir, c'est savoir
que tu seras avec nous en toute situation,
toujours.

Roger Schutz (1915-2005)

## Je ne sais pas où je vais

Seigneur, mon Dieu,
je ne sais pas où je vais,
je ne vois pas la route devant moi,
je ne peux pas prévoir avec certitude où elle aboutira.

Je ne me connais pas vraiment moi-même
et, si je crois sincèrement suivre ta volonté,
cela ne veut pas dire que je m'y conforme.

Je crois cependant que mon désir de te plaire te plaît.
J'espère avoir ce désir au cœur en tout ce que je fais,
et ne jamais rien faire à l'avenir sans ce désir.

En agissant ainsi
je sais que tu me conduiras sur la bonne route,
même si je ne la connais pas moi-même.

Je te ferai donc toujours confiance.
même quand j'aurai l'impression que je me suis perdu
et que je marche à l'ombre de la mort.

Je n'aurai nulle crainte car tu es toujours avec moi
et jamais tu ne me laisseras seul dans le péril.

Thomas Merton (1915-1968)

## *Miserere*

Pitié pour nous Seigneur Tes derniers survivants
car Tu nous as donné ces morts en héritage
nous sommes devenus les pères de nos morts.
Pitié pour nous Seigneur pitoyables parâtres
qui avons engendré ces hommes dans la Mort :
et nous voici séparés d'eux par leur cadavre
eux qui sont déjà morts et fondés en Ta nuit.
Notre obscure journée s'éblouit de leur nuit
notre chair se révulse au contact de leur ombre
nous n'avons point assez de nuit pour nous terrer
nous sommes nus jusqu'à la moëlle dans leur gloire
et nos mots tombent en poussière en leur pensée
nous sommes devenus étrangers à nous-mêmes
de grands vents soufflent qui nous chassent de la chair

nous tremblons de mourir et nous tremblons de vivre
nous sommes pour toujours en deçà de la Mort.

Pierre Emmanuel (1916-1984)

## La certitude claire que Tu existes

Qu'il m'est facile de vivre avec Toi, Seigneur !
Qu'il m'est facile de croire en Toi !
Quand dans la perplexité mon esprit
se dérobe ou défaille,
et que les plus intelligents ne voient pas
plus loin que ce soir et ne savent
ce que demain il faudra faire,
d'en haut Tu m'envoies la certitude claire
que Tu existes et que Tu veilles à ce que
toutes les voies du Bien
ne soient pas fermées.
Sur la crête de la gloire terrestre,
je jette un regard étonné sur le chemin qui,
à travers le désespoir, m'a conduit ici,
à ce point d'où j'ai pu moi aussi envoyer
à tous les hommes le reflet de Tes rayons.
Et s'il faut que je les reflète encore,
Tu me l'accorderas.
Mais si le temps me manque, c'est qu'à d'autres
Tu l'auras assigné.

Alexandre Soljenitsyne (né en 1918)

## L'imploration de Jean

Ne contiens pas le flux de mon cœur
Qui monte vers tes yeux, Mère,
Ne change rien à cet amour,
Ramène à moi le flot
Dans tes mains translucides.

Il te l'a demandé.
Je suis Jean, le pêcheur. Il n'y a pas grand-chose
à aimer en moi.

Je me sens toujours sur les rives du lac,
le gravier fin sous les pieds et, soudain – Lui.
En moi, tu n'étreindras plus son mystère
mais doucement je ceindrai tes pensées,
comme le myrte.

Que je te dise Mère, Lui l'a voulu.
Je te supplie que cette parole
ne t'en semble pas amoindrie.
Certes il est difficile de mesurer le sens
des paroles qu'il souffle en nous,
afin que tout amour avant elles
Y fût enfoui.

Karol Józef Wojtyla (1920-2005)

## Aide-nous à répondre oui !

Seigneur Jésus, comme tu as appelé un jour
les premiers disciples pour en faire des pêcheurs
[d'hommes,
de même continue à faire résonner aujourd'hui encore
ta douce invitation : « Viens et suis-moi ! »
Donne aux jeunes hommes et aux jeunes femmes
de répondre promptement à ton appel !

Soutiens dans leurs fatigues apostoliques nos évêques,
les prêtres, les personnes consacrées.
Accorde la persévérance à nos séminaristes
ainsi qu'à tous ceux qui vivent un idéal
de vie totalement consacrée à ton service.

Réveille dans nos communautés l'engagement missionnaire.
Envoie, Seigneur, des ouvriers à ta moisson
et ne permets pas que l'humanité se perde
par défaut de pasteurs, de missionnaires, de personnes
vouées à la cause de l'Évangile.

Marie, Mère de l'Église, modèle de toute vocation,
aide-nous à répondre « oui » au Seigneur qui nous appelle
à collaborer au dessein divin du salut. Amen.

Jean-Paul II

## Pardonne-moi de jouer mon personnage

Je te demande ce soir, Seigneur, de me débarrasser
[une bonne fois
pour toutes de mon souci de paraître.

Pardonne-moi d'être trop préoccupé
de l'impression que je donne,
de l'effet que je produis,
de ce que l'on pense de moi.
Pardonne-moi
de vouloir ressembler aux autres en oubliant d'être moi-
[même,
d'envier leurs qualités en oubliant de développer les
miennes.
Pardonne-moi
le temps passé à jouer mon personnage
et le temps perdu pour construire ma personne.
Donne-moi, au contraire de mourir à l'étranger que j'étais
pour qu'enfin je puisse naître à moi-même
car je ne connaîtrai jamais ma maison si je refuse d'en sortir,
je ne me trouverai pas si je refuse de me perdre.

Accorde-moi, enfin, d'être grand ouvert à mes frères.
Alors, tu pourras par eux, Seigneur, venir chez moi
comme chez ton ami.

Et de moi tu feras cette « personne » dont tu rêves en ton amour,
car je serai ton fils, ô Père,
et un frère pour mes frères.

Michel Quoist (1921-1997)

## Nous sommes débordés

Nous voici devant Toi, Seigneur
à bout de souffle,
à bout de courage,
à bout d'espoir.
Perpétuellement écartelés
entre l'infini de nos désirs et les limites de nos moyens,
bousculés,
tiraillés,
énervés,
épuisés.
Nous voici devant Toi, Seigneur,
enfin immobiles,
enfin disponibles.
Voici la souffrance de notre insatisfaction,
Voici la crainte de nous tromper dans le choix de nos engagements.
Voici la peur de ne pas en faire assez.
Voici la croix de nos limites.
Donne-nous de faire ce que nous devons faire,
sans vouloir trop faire,
sans vouloir tout faire,
calmement,
simplement,
Humbles dans notre recherche et notre volonté de servir.

Aide-nous surtout à Te retrouver au cœur de nos engagements,
Car l'unité de notre action, c'est Toi, Seigneur,
Un seul amour
à travers tous nos amours,
tous nos efforts.
Toi qui es la source,
Toi vers qui tout converge,
Nous voici devant Toi, Seigneur,
pour nous « re-cueillir ».

Michel Quoist

## J'ai pris la parole, Seigneur…

J'ai pris la parole Seigneur, et je rage,
Je rage car je me suis remué, dépensé, du geste et de la voix.
Je me suis mis tout entier dans mes phrases, mes mots,
Et je crains que l'essentiel n'ait pas été livré, Seigneur,
Et les mots sont trop étroits pour le contenir ;

J'ai pris la parole, Seigneur, et je suis inquiet,
J'ai peur de parler, car c'est grave.
C'est grave de déranger les autres,
de les faire sortir de chez eux,
de les immobiliser sur le pas de leur porte.
C'est grave de les retenir de longues minutes, mains tendues,
Cœur tendu, quêtant une lumière
ou bien une part de courage pour vivre et pour agir.
Si j'allais, Seigneur, les renvoyer les mains vides !

Et pourtant, je dois parler.
Tu m'as donné la parole pour quelques années,
il faut que je m'en serve.
Je dois mon âme aux autres,
et les mots attendent au bord de mes lèvres.
[…]

Pardonne-moi, Seigneur, d'avoir si mal parlé.
Pardonne-moi d'avoir parlé si souvent pour ne rien dire.
Pardonne-moi les jours où j'ai prostitué mes lèvres en prononçant
des mots creux
des mos faux
des mots lâches
des mots où Tu n'as pas pu Te glisser.

Soutiens-moi quand je dois prendre la parole dans une assemblée,
intervenir dans une discussion,
converser avec un frère.
Fais surtout, Seigneur, que ma parole soit une semence
Et que ceux qui reçoivent mes mots
puissent espérer une belle moisson.

Michel Quoist

## J'ai passé ma vie, Seigneur...

Prends pitié de nous, Seigneur !

J'ai passé ma vie, Seigneur, à accorder ma lyre au lieu de te chanter, Pardon, Seigneur.

J'ai passé ma vie, Seigneur, à chercher ma route au lieu de marcher avec toi, Pardon, Seigneur.

J'ai passé ma vie, Seigneur, à mendier de l'amour au lieu de t'aimer en mes frères, Pardon, Seigneur.

J'ai passé ma vie, Seigneur, à fuir la nuit au lieu de dire : c'est toi ma lumière, Pardon Seigneur.

J'ai passé ma vie, Seigneur à chercher des sécurités au lieu de mettre ma main dans la tienne, Pardon, Seigneur.

J'ai passé ma vie, Seigneur, à prendre des résolutions sans les tenir, Pardon, Seigneur.

Maintenant, s'il est vrai, Seigneur, que tu nous sauves non en raison de nos œuvres mais selon ta grande miséricorde, alors, nous sommes prêts maintenant pour recevoir ton salut.

Lucien Deiss (né en 1921)

## Mais soudain j'entends mon nom !
## Marie-Madeleine priait

On a enlevé le Seigneur
et je ne sais où on l'a mis.
Pourtant
ce matin encore sombre, ce matin gris,
tout semble changer, le monde, un immense jardin.
Le monde autour du tombeau vide,
autour de tant de charniers trop pleins,
semble un paradis.
Le silence railleur se dissipe.
Et voici, au milieu des fleurs, le jardinier.
Si c'est toi qui l'as emporté,
dis-moi…
Mais soudain j'entends mon nom,
il m'appelle et je suis, dans son appel je suis,
la cendre s'envole dans le vent de l'Esprit.
C'est toi, c'est toi, je te reconnais, Rabbouni.
Ton corps transfiguré se dévoile
en remplissant tout.
Il est cet Amour qui fait
que les hommes sont frères.
Et toi, tu es là,
invisible
dans le pain
et dans le vin

et dans tout visage,
tu es là.

Olivier Clément (né en 1921)

## Psaume du peintre

Louez le Seigneur, peintres du Seigneur, en recréant le monde en six journées d'Amour ; louez-le avec les Primitifs.
Louez-le sur les murs du sanctuaire, sur ceux de la ville et de la maison.
Louez-le sur le poli des panneaux à la colle, sur le triptyque et sur les pages de l'antiphonaire.
Louez-le par le crayon dur et le pinceau déférent, pleins de fermeté.
Louez-le par le « sens de la forme ».
Louez-le par les trois verdaccio, fondements des trois règnes ; par la terre verte, support de vie.
Louez-le par les couleurs évoluées en leurs trois petits pots.
Louez-le par le blanc, émanation rayonnante de la Toute-Puissance divine.
Louez-le par le rouge, symbole de Son Amour.
Louez-le par le bleu, Sagesse du Saint-Esprit.
Louez-le par le jaune, révélant son Amour et sa Sagesse.
Louez-le par le vert, symbole de la régénération.
Louez-le par les couleurs composées : le rose, amour de la Sagesse ; le pourpre, amour de la Vérité ; l'hyacinthe, vérité de l'amour ; et l'union des deux, le violet ; louez-le par le noir qui résiste au génie du mal.
Louez-le sur la palette de jubilation.
Louez-le, travaillant en phalanges.

Louez-le dans l'atelier où votre joie demeure.
Louez-le dans la nature avec les oiseaux.
Louez-le en peignant le brin d'herbe.
Louez-le dans l'humilité parfaite.
Louez donc tous le Seigneur, ô peintres du Seigneur, car voici que votre œuvre est, par Lui, sanctifiée.

René Dionnet

# Lettre à Dieu

Père,
Je vous aime plus que tout.
Avant tout parce que vous êtes celui qui peut dire JE SUIS. Et d'avoir rencontré cela dans mes seize ou dix-sept ans fait que, à quatre-vingt-treize ans, j'en vis.
Je vous aime plus que tout.
Parce que :
– à l'homme qui, tout au long de l'évolution, ne cesse de se vouloir suffisant, vous donnez Jésus, le Verbe, pour prouver que l'homme est non suffisant ;
– alors qu'on s'étouffe de vouloir des chiffres, vous donnez l'indicible, qui se fait plus fort que le doute, en l'Hostie de l'Eucharistie ;
– à l'atmosphère suffocante, vous substituez le souffle, « spiritus », de l'Esprit Saint qui naît de l'union du Père et du Verbe s'aimant, et en qui nous baignons.
Oui, vous êtes mon amour.
Je ne supporte de vivre si longtemps que par cette certitude en moi : mourir est, qu'on le croie ou non, Rencontre.
Je vous aime plus que tout.
Oui, mais… Pour être croyant crédible, il faut que tous autour de moi sachent que je n'accepte pas, que je ne pourrai jamais accepter, la permanence du Mal.
ÊTRE, Vous êtes maître du maintien ou de la cessation de l'existence de tout ce qui est. Alors que vous avez ce

pouvoir de le faire cesser, comment comprendre que subsiste le Mal ?
La prière de Jésus ne culmine-t-elle pas dans « Délivrez-nous du Mal » ?
Merci, Père, de m'aider à refuser, ce qui serait tricherie, de « croire » comme si j'étais indifférent à la perpétuation du Mal, et en ce monde, et dans l'au-delà du temps.
Croyant, aimant, je ne peux être que ce « croyant quand même », c'est-à-dire ne comprenant pas.
Trop de mes frères humains restent au bord de vous aimer, détournés par la nécessité de ce « quand même ».
Pitié pour eux et pitié pour l'Univers.
Père, j'attends depuis si longtemps de vivre dans votre totale PRÉSENCE qui est, je n'en ai jamais douté, malgré tout, AMOUR.

Abbé Pierre

## Esprit de Dieu pour notre terre

Toi, le jour sans crépuscule,
Le jour sans crépuscule,
Esprit de Dieu pour notre terre,
Comment es-tu la nuit la plus obscure ?
Toi, la source des eaux vives,
La sources des eaux vives,
Esprit de Dieu pour notre terre,
Comment es-tu la soif que rien n'apaise ?
Toi, la braise qui réchauffe,
La braise qui réchauffe,
Esprit de Dieu pour notre terre,
Comment es-tu la froide solitude ?
Toi, la force qui rassemble,
La force qui rassemble,
Esprit de Dieu pour notre terre,
Comment es-tu le glaive qui divise ?
Toi, la sève sous l'écorce,
La sève sous l'écorce,
Esprit de Dieu pour notre terre,
Comment es-tu le vent qui déracine ?
Toi, l'amour qui fait le monde,
L'amour qui fait le monde,
Esprit de Dieu pour notre terre,
Comment es-tu le Souffle qui disperse ?
Toi, la paix que rien ne trouble,

La paix que rien ne trouble,
Esprit de Dieu pour notre terre,
Comment es-tu la guerre au cœur de l'homme ?
Toi, la grâce des coupables,
La grâce des coupables,
Esprit de Dieu pour notre terre,
Comment es-tu le sel qui nous décape ?
Toi, la vie de toutes choses,
La vie de toutes choses,
Esprit de Dieu pour notre terre,
Comment es-tu le feu qui les consume ?

Didier Rimaud (né en 1922)

## Prière de deux jeunes mariés

Seigneur, regarde-nous
qui sommes, devant Ta Grâce,
dans l'innocence de nos résolutions.
Nous nous aimons et nous te confions notre amour.
Aide-nous à nous aimer plus encore.
Favorise notre espérance et augmente notre générosité.
Fortifie nos jeunes serments
et donne souffle à notre liberté.
Nous nous sommes choisis, mais nous savons bien
que nous ne sommes pas les plus forts.
Toi seul peux soutenir notre volonté
et rendre plus large notre consentement.
Laisse notre vie courir son rêve
avec l'élan renouvelé des commencements.
Que la joie, toujours, déborde sur l'habitude.
Nous T'offrons notre ardeur, enseigne-nous la constance…
Ne laisse pas fâner notre tendresse
mais rends-la sûre et belle comme l'ascension du jour,
et paisible comme la venue du soir ;
augmente notre intimité, tisse-la
de mystère et de confidence,
mais fais que nous aimions assez notre amour
pour l'offrir à la terre.

Que nous soyions partout et pour tous
une table ouverte pour un geste d'ample fraternité.

France Quéré (1936-1995)

# Dieu affrontant toute mort

Quand la nuit est là,
quand la lumière n'a pas de nom
en dehors de la foi,
Dieu de toute aurore,
avec ton Fils en agonie,
nous voulons Te bénir encore.

Quand la blessure est là,
quand la vie n'a pas de nom
en dehors de ta volonté,
Dieu affrontant toute mort,
avec le Fils blessé à jamais,
nous voulons Te glorifier encore.

Quand la lutte est là,
quand la victoire n'a pas de nom
en dehors de l'amour,
Dieu toujours plus fort,
avec le Fils héritier de nos morts,
nous voulons T'adorer encore.

Christian de Chergé (1937-1996)

## Je l'ai cherché

Je l'ai cherché et je ne l'ai pas trouvé ;
J'ai appelé et je suis demeuré sans réponse.

Offrir mon impuissance en hommage
À la transcendance insondable
De Dieu.

Si mon esprit est distrait :
Chaque fois que je m'en aperçois,
Le ramener avec calme et humilité
Vers celui que je crois et sais
Être tout de même là, tout attentif
À mon amour ; me faire d'autant plus petit
Dans les bras de Marie.
Fais de ma misère un titre
À son infinie miséricorde.

Purifier mon cœur en m'affermissant
Dans le simple désir
De l' « unique nécessaire ».

Moine chartreux
XX<sup>e</sup> siècle

## Mon Dieu, rappelle-moi à l'ordre !

Mon Dieu, rappelle-moi à l'ordre !
Dis-moi que je ne suis qu'un grain de sable,
Que je n'ai pas à me glorifier pour tel ou tel geste.

Donne-moi la force jusqu'au bout d'être utile,
Pour cultiver ton champ,
Pour vivre sans m'éloigner du Christ.

Anonyme
XX^e^ siècle

## Dieu, envoie des fous !

Dieu, envoie des fous,
qui s'engagent à fond,
qui oublient,
qui aiment autrement qu'en paroles,
qui se donnent pour de vrai et jusqu'au bout.

Il nous faut des fous,
des déraisonnables,
des passionnés,
capables de sauter dans l'insécurité :
l'inconnu, toujours plus béant, de la pauvreté.

Il nous faut des fous du présent,
épris de la vie simple,
amants de la paix,
purs de compromission,
décidés à ne jamais trahir,
méprisant leur propre vie,
capables d'accepter n'importe quelle tâche,
de partir n'importe où :
à la fois libres et obéissants,
spontanés et tenaces,
doux et forts.

Ô Dieu envoie-nous des fous.

Anonyme
XXe siècle

## Prière avec mes mains

Apprends-moi, Seigneur,
à bien user du temps que tu me donnes pour travailler,
à bien l'employer sans rien en perdre.
Apprends-moi à unir la hâte et la lenteur,
la sérénité et la ferveur, le zèle et la paix.

Aide-moi au départ de l'ouvrage,
là où je suis le plus faible.
Aide-moi au cœur du labeur
à tenir serré le fil de l'attention.
Et surtout, comble toi-même les vides de mon œuvre.

Seigneur, dans tout labeur de mes mains,
laisse une grâce de toi pour parler aux autres
et un défaut de moi pour me parler à moi-même.

Garde en moi l'espérance de la perfection,
sans quoi je perdrais cœur.
Garde-moi dans l'impuissance de la perfection
sans quoi je me perdrais d'orgueil.

Seigneur, enseigne-moi à prier avec mes mains,
mes bras et toutes mes forces.
Rappelle-toi que l'ouvrage de mes mains t'appartient
et qu'il m'appartient de te le rendre en le donnant.

Anonyme
XX$^{e}$ siècle

# Prier avec humour

Seigneur, excusez-moi si je vous dérange…
Il m'est venu tout à l'heure à l'idée,
que vous aviez besoin d'un saint.
Alors je suis venu pour la place.
Je ferai très bien l'affaire.

Quoi qu'on en dise,
le monde est rempli de gens parfaits.
Il y en a qui vous offrent tant de sacrifices,
pour que vous ne vous trompiez pas,
en les comptant, ils les marquent
avec une petite croix sur un carnet !

Moi, je n'aime pas faire des sacrifices.
Ça m'ennuie énormément.
Ce que je vous ai donné, Seigneur,
Vous savez bien que vous l'avez pris sans permission
Tout ce que j'ai pu faire, c'est de ne pas rouspéter.

Il y aussi des gens qui se corrigent
d'un défaut par semaine,
ils sont forcément parfaits au bout d'un trimestre.
Moi, je n'ai pas assez confiance en vous pour faire ça.

Qui sait si je vivrais encore
au bout de la première semaine ?
Vous êtes si imprévisible, si impulsif, mon Dieu !
Alors, j'aime autant garder mes défauts…
en m'en servant le moins possible.

Anonyme
XXe siècle

## Prières de la table

Bénis-nous, Seigneur,
Bénis ce repas et ceux qui l'ont préparé,
et apprends-nous à partager notre pain
avec celui qui n'en a pas.

Bénis-nous, Seigneur,
bénis cette nourriture et ceux qui l'ont préparée.
Nous la recevons de ta bonté,
qu'elle nous aide à mieux te servir,
par Jésus le Christ notre Seigneur.

Dieu notre Père,
nous voulons te bénir en tout temps,
toi qui nous combles de tes biens.
Que nous mangions ou que nous buvions,
accorde-nous de tout faire pour ta gloire,
et de te rendre grâce à jamais.

Anonyme
XXe siècle

## Prières sur notre maison

Écoute, Seigneur, la prière de ceux qui inaugurent cette maison
En implorant ta bénédiction.
Que tous ceux qui y demeurent trouvent en toi un refuge,
Qu'à leur sortie, tu sois leur compagnon de route ;
Qu'à leur retour, tu sois leur hôte,
Jusqu'au jour où ils trouveront dans la maison du Père
La demeure que tu leur auras préparée,
Toi qui règnes pour les siècles des siècles.
Amen.

Tu es béni, Esprit-Saint,
Toi qui es partout présent
Et qui fais de nous ta demeure.
Nous t'en prions : fais vivre dans l'amour
Ceux qui habitent sous ce toit
Et ceux qui y sont accueillis.
Seigneur, exauce-nous.

Liturgie catholique
XXe siècle

## Prière sur nos enfants

Père saint, source inépuisable de vie,
Auteur de tout bien,
Nous te bénissons et nous te rendons grâce,
Car tu as voulu réjouir l'union de notre amour en nous donnant ces enfants ;
Accorde-leur de trouver dans notre famille
Le chemin du progrès vers ce qui est bien,
Et qu'ils puissent parvenir à toi au but qu'ils se seront fixé.
Par Jésus, le Christ, notre Seigneur.
Amen.

Liturgie catholique
XXe siècle

## Prière à sainte Anne d'une mère pour ses enfants

Ô glorieuse sainte Anne, Patronne des familles [chrétiennes,
Je te présente mes enfants.
Je sais que je les ai reçus de Dieu et qu'ils lui appartiennent.
Aussi je te prie de m'obtenir la grâce
De me soumettre toujours avec eux à la divine Providence.

Daigne les bénir, et, en te suppliant de leur obtenir
La bénédiction de Dieu,
Je ne demande en leur faveur
Ni les honneurs du monde,
Ni les biens de la terre.
Ma prière sera plus chrétienne et plus agréable à tes yeux
Si je demande avant tout le Royaume de Dieu et sa justice.
Je compte, bonne Mère, que tu m'aideras à leur procurer
Ce qui est nécessaire pour leur assurer une existence digne.

Imprime dans le cœur de mes enfants une grande horreur [du péché.
Éloigne-les du mal.
Préserve-les de la corruption du monde.
Qu'ils soient toujours animés de sentiments chrétiens.
Accorde-leur la simplicité et la droiture du cœur.
Apprends-leur à aimer Dieu uniquement,
Comme tu l'as appris, dès ses plus tendres années,
À ta Fille Immaculée, la Bienheureuse Vierge Marie.

Ô sainte Anne, tu es le miroir de la patience,
Obtiens-moi la grâce de supporter avec patience et amour
Toutes les difficultés inséparables de l'éducation de mes enfants.
Bénis-nous, mes enfants et moi. Veille sur nous, ô bonne Mère. Fais que nous nous aimions toujours avec Jésus et Marie,
Que nous vivions conformément à l'Esprit de Dieu.
Afin qu'après cette vie nous ayons le bonheur d'être ensemble,
Unis à toi pour toute l'éternité. Amen.

Anonyme
XX$^{e}$ siècle

## Chant de l'orgue

Éveille-toi, orgue, instrument sacré,
Entonne la louange de Dieu, notre Créateur et
[notre Père.

Orgue, instrument sacré, célèbre Jésus, notre Seigneur
Mort et ressuscité pour nous.

Orgue, instrument sacré, chante l'Esprit-Saint
Qui anime nos vies du souffle de l'Esprit.

Orgue, instrument sacré, élève nos chants et nos supplications
Vers Marie, la mère de Jésus.

Orgue, instrument sacré, fais entrer l'assemblée des fidèles
Dans l'action de grâce du Christ.

Orgue, instrument sacré, apporte le réconfort de la foi
À ceux qui sont dans la peine

Orgue, instrument sacré, soutiens la prière des chrétiens.

Orgue, instrument sacré, proclame gloire au Père, au Fils
[et au Saint-Esprit.

Liturgie catholique
XXe siècle

## Prière sur le chapelet

Dieu éternel, Père plein de bonté,
À cause du grand amour dont tu nous as aimés,
Tu as voulu que ton propre fils prenne chair de la Vierge
[Marie
Par la puissance de l'Esprit-Saint.
Qu'il subisse la passion sur la Croix
Et qu'il ressuscite d'entre les morts.
Daigne bénir celui qui prendra en main ce chapelet :
En priant de la bouche et de cœur la mère de ton Fils,
Qu'il persévère dans la prière,
Et à la fin de leur vie,
Que la Vierge Marie elle-même
Soit là pour te les présenter.
Par Jésus, le Christ, notre Seigneur.
Amen.

Liturgie catholique
XX^e siècle

## Prière d'un incroyant

Jusqu'à ce jour,
je n'ai parlé qu'à moi-même,
qu'à des hommes et des femmes.
À travers moi, à travers eux,
au-delà de moi, au-delà d'eux
je pressens de l'inconnu.

Dois-je aller plus avant ?
Viendra-t-il à moi ?
Aura-t-il réponse à ma question ?

Certains t'appellent Vérité,
d'autres Beauté, d'autres le Sens.
D'autres disent Délivrance,
d'autres encore Paix et Joie.
D'autres Amour.

De quel nom dois-je te nommer ?

Anonyme
XX$^{e}$ siècle

## Prière de la personne âgée

Dieu notre Père, j'arrive au soir d'une vie
qui m'a réservé bien des joies
et dont je pense aujourd'hui que,
malgré les déceptions et les épreuves,
elle valait la peine d'être vécue.
Reçois l'hommage de mon pèlerinage terrestre,
avec mon émerveillement et ma reconnaissance.

Je viens te demander la grâce
d'une vieillesse sereine et généreuse.
Donne-moi de savoir goûter
les beautés de la création,
le rire des enfants et le chant des oiseaux.
Préserve-moi, Seigneur,
aussi bien de la nostalgie qui enferme dans le passé
que de l'amertume qui dessèche le cœur.
Apprends-moi à penser aux autres
au lieu de les mobiliser à mon service.

Bénis sois-tu, Dieu de pitié et de tendresse,
pour l'œuvre dans le monde de ton Fils Jésus
et pour le don de ton Esprit de sainteté.
Peuple ma solitude de ta présence aimante.
Que ta Parole éclaire la route qui me reste à parcourir
et que l'espérance de la résurrection me soutienne.

Rassemble dans la paix de ton amour
les hommes et les femmes de bonne volonté,
aujourd'hui et dans le monde à venir. Amen

Anonyme
XXe siècle

## M'entends-tu mon Dieu ?

M'entends-tu mon Dieu ?
Jamais de ma vie je ne t'ai parlé, mais aujourd'hui je veux te saluer. Tu sais que depuis ma plus tendre enfance on m'a dit que tu n'existais pas, et moi, j'étais si bête que je l'ai cru.
Jamais je n'avais eu conscience de la beauté de ta création. Aujourd'hui, soudain, en voyant les profondeurs de l'immensité, ce ciel étoilé au-dessus de moi, mes yeux se sont ouverts.
Émerveillé, j'ai compris sa lumière.
Comment ai-je pu être si cruellement trompé ?
Je ne sais pas Seigneur, si tu me tends la main, mais je te confie ce miracle et tu comprendras : au fond de ce terrible enfer, la lumière a jailli en moi et je t'ai vu.
Je ne te dirai rien de plus, seulement la joie de te connaître.
À minuit, nous devons passer à l'attaque, mais je n'ai pas peur, tu nous regardes.
Écoute ! c'est le signal. Que faire ? J'étais si bien avec toi.
Je veux te dire encore ceci : Tu sais que le combat sera mauvais. Peut-être que cette nuit je frapperai chez toi.
Bien que je n'aie jamais été ton ami, me permettras-tu d'entrer quand j'arriverai ?
Mais je ne pleure pas, tu vois ce qui m'arrive, mes yeux se sont ouverts.

Pardonne-moi, Dieu. Je pars et ne reviendrai sûrement pas, mais quel miracle !
Je n'ai plus peur de la mort !

Soldat inconnu
XX^e^ siècle

# Préface (dite commune)

Vraiment, il est juste et bon
de te rendre gloire,
de t'offrir notre action de grâce,
toujours et en tout lieu,
Dieu éternel et tout-puissant,
par le Christ, notre Seigneur.

En lui tu as voulu que tout soit rassemblé,
et tu nous as fait partager
la vie qu'il possède en plénitude :
lui qui est vraiment Dieu,
il s'est anéanti
pour donner au monde la paix
par le sang de sa croix ;
élevé au-dessus de toute créature,
il est maintenant le salut
pour tous ceux qui entendent sa voix.

C'est pourquoi,
avec les anges et tous les saints,
nous proclamons ta gloire,
en chantant (disant) d'une seule voix…

Liturgie catholique
XXe siècle

# Prière eucharistique IV

Père très saint,
nous proclamons que tu es grand
et que tu as créé toutes choses
avec sagesse et par amour :
tu as fait l'homme à ton image,
et tu as confié l'univers,
afin qu'en te servant, toi son Créateur,
il règne sur la création.

*Les premières alliances*

Comme il avait perdu ton amitié
en se détournant de toi,
tu ne l'as pas abandonné
au pouvoir de la mort.
Dans ta miséricorde,
tu es venu en aide à tous les hommes
pour qu'ils te cherchent
et puissent te trouver.
Tu as multiplié les alliances avec eux,
et tu les as formées, par les prophètes,
dans l'espérance du salut.

*La venue du Fils de Dieu parmi les hommes*

Tu as tellement aimé le monde,
Père très saint,
que tu nous as envoyé ton propre Fils,

lorsque les temps furent accomplis,
pour qu'il soit notre Sauveur.
Conçu de l'Esprit Saint,
né de la Vierge Marie,
il a vécu notre condition d'homme
en toute chose, excepté le péché,
annonçant aux pauvres
la bonne nouvelle du salut ;
aux captifs, la délivrance ;
aux affligés, la joie.

*La rédemption*

Pour accomplir le dessin de ton amour,
il s'est livré lui-même à la mort,
et, par sa résurrection,
il a détruit la mort et renouvelé la vie.
Afin que notre vie ne soit plus à nous-mêmes,
mais à lui qui est mort
et ressuscité pour nous,
il a envoyé d'auprès de toi,
comme premier don fait aux croyants,
l'Esprit qui poursuit son œuvre dans le monde
et achève toute sanctification.

*Invocation pour demander l'envoi de l'Esprit Saint en*
*[vue de la consécration*

Que ce même Esprit Saint,
nous t'en prions, Seigneur,
sanctifie ces offrandes :
qu'elles deviennent ainsi

le corps et le sang de ton Fils
dans le célébration de ce grand mystère,
que lui-même nous a laissé
en signe de l'Alliance éternelle.

*Récit de l'institution et consécration*

Quand l'heure fut venue
où tu allais le glorifier,
comme il avait aimé les siens
qui étaient dans le monde,
il les aima jusqu'au bout :
pendant le repas qu'il partageait avec eux,
il prit le pain,
il le bénit,
le rompit
et le donna à ses disciples, en disant :
« Prenez, et mangez-en tous,
ceci est mon corps
livré pour vous. »

*Le prêtre montre au peuple le pain consacré, puis il fait [la génuflexion. Tous adorent le corps du Christ.*

De même, il prit la coupe remplie de vin,
il rendit grâce,
et la donna à ses disciples, en disant :
« Prenez, et buvez-en tous,
car ceci est la coupe de mon sang,
le sang de l'Alliance nouvelle et éternelle,
qui sera versé
pour vous et pour la multitude

en rémission des péchés.
Vous ferez cela,
en mémoire de moi. »

*Acclamation de l'assemblée.*
*Jésus ayant dit : « Vous ferez cela en mémoire de moi »,*
*l'assemblée obéit à son commandement dans une acclamation*
*qui emprunte l'un des formulaires suivants :*

*Le prêtre*

Il est grand, le mystère de la foi :

*Le peuple*

Nous proclamons ta mort,
Seigneur Jésus,
nous célébrons ta résurrection,
nous attendons ta venue dans la gloire.

*Le prêtre*

Quand nous mangeons ce pain
et buvons à cette coupe,
nous célébrons le mystère de la foi :

*Le peuple*

Nous rappelons ta mort,
Seigneur ressuscité,
et nous attendons que tu viennes.

*Le prêtre*

Proclamons le mystère de la foi :

*Le peuple*

Gloire à toi qui étais mort,
gloire à toi qui es vivant,

notre Sauveur et notre Dieu :
Viens, Seigneur Jésus.

*Prière d'intercession*

Et maintenant, Seigneur, rappelle-toi
tous ceux
pour qui nous offrons le sacrifice :
le Pape N.,
notre évêque N. et tous les évêques,
les prêtres et ceux qui les assistent,
les fidèles qui présentent cette offrande,
les membres de notre assemblée,
le peuple qui t'appartient
et tous les hommes qui te cherchent
avec droiture.

Souviens-toi aussi
de nos frères qui sont morts
dans la paix du Christ,
et de tous les morts
dont toi seul connais la foi.

À nous qui sommes tes enfants,
accorde, Père très bon,
l'héritage de la vie éternelle
auprès de la Vierge Marie,
la bienheureuse Mère de Dieu,
auprès des Apôtres et de tous les saints,
dans ton Royaume,
où nous pourrons,

avec la création tout entière
enfin libérée du péché et de la mort,
te glorifier.

*Mémorial du mystère pascal et offrande du corps et du sang du Christ*

Voilà pourquoi, Seigneur,
nous célébrons aujourd'hui
le mémorial de notre rédemption :
en rappelant la mort de Jésus Christ
et sa descente au séjour des morts,
en proclamant sa résurrection
et son ascension à ta droite dans le ciel,
en attendant aussi
qu'il vienne dans la gloire,
nous t'offrons son corps et son sang,
le sacrifice qui est digne de toi
et qui sauve le monde.

*Invocation pour demander l'envoi de l'Esprit-Saint en vue de la communion*

Regarde, Seigneur, cette offrande
que tu as donnée toi-même à ton Église ;
accorde à tous ceux qui vont partager ce pain
et boire à cette coupe
d'être rassemblés par l'Esprit Saint
en un seul corps,
pour qu'ils soient eux-mêmes dans le Christ
une vivante offrande

à la louange de ta gloire,
par le Christ, notre Seigneur,
par qui tu donnes au monde
toute grâce et tout bien.

*Acclamation*

Par lui, avec et en lui,
à toi, Dieu le Père tout-puissant,
dans l'unité du Saint-Esprit,
tout honneur et toute gloire,
pour les siècles des siècles.

*Le peuple ratifie la prière eucharistique en disant :*
AMEN.

Liturgie catholique
XXe siècle

## Prière des vertus théologales

Acte de foi

Mon Dieu, je crois fermement toutes les vérités que tu as révélées et que tu nous enseignes par ton Église, parce que tu ne peux ni te tromper, ni nous tromper.

Acte d'espérance

Mon Dieu, j'espère avec une ferme confiance que tu me donneras, par les mérites de Jésus-Christ, ta grâce en ce monde et, si j'observe tes commandements, le bonheur éternel dans l'autre, parce que tu l'as promis et que tu tiens toujours tes promesses.

Acte de charité

Mon Dieu, je t'aime de tout mon cœur et par-dessus toutes choses, parce que tu es infiniment bon et infiniment aimable, et j'aime mon prochain comme moi-même pour l'amour de Toi.

## Prière nuptiale

Seigneur notre Dieu.
créateur de l'univers et de tout ce qui vit,
tu as fait l'homme et la femme
à ta ressemblance ;
et pour qu'ils soient associés
à ton œuvre d'amour,
tu leur as donné un cœur capable d'aimer.

Tu as voulu qu'aujourd'hui,
dans cette église,
ils unissent leur vie.
Tu veux maintenant
qu'ils construisent leur foyer,
qu'ils cherchent à s'aimer chaque jour
davantage, et suivent l'exemple du Christ,
lui qui a aimé les hommes jusqu'à mourir
sur une croix.

Bénis, protège et fortifie
l'amour de ces nouveaux époux :
que leur amour soutienne leur fidélité ;
qu'il les rende heureux
et leur fasse découvrir (dans le Christ)
la joie du don total à celui que l'on aime.

Que leur amour,
semblable à ton amour, Seigneur,
devienne une source de vie ; qu'il les garde
attentifs aux appels de leurs frères,
et que leur foyer soit ouvert aux autres ;

En s'appuyant sur leur amour
(et sur l'amour de Christ),
qu'ils prennent une part active
à la construction d'un monde
plus juste et plus fraternel,
et soient ainsi fidèles à leur vocation
d'hommes (et de chrétiens).

Liturgie catholique
XX^e siècle

## Prière de l'inutile

Pendant longtemps, Seigneur, j'ai pu servir mes frères ;
Tu m'as donné la joie de me livrer aux autres
sans calcul ou réserve.
Mais l'âge et la santé ont eu raison de moi
et me voici – serviteur inutile –
en train de regarder le monde qui s'agite
et qui m'oublie déjà.
Maintenant, j'ai tout mon temps à moi ;
mon temps pour admirer, raconter, écouter ;
le temps pour te dire ma prière
et pour te contempler.
… Mais je suis inutile !
N'as-tu pas donné au lys des champs sa parure
et à l'oiseau du ciel son pain de chaque jour ?
Tu as veillé sur eux, bien qu'ils soient inutiles
pour que l'utile enfin redevienne agréable.
Aussi, je puis perdre mon temps comme toi
à voir ce qu'on n'a plus le temps de voir ;
à faire ce qu'on n'a plus le temps de faire ;
à aimer ce qu'on n'a plus le temps d'aimer.
Tu as distribué le vin avec surabondance
aux noces de Cana ;
tu as enivré de ta joie les amis de l'époux
qui s'apprêtaient à retrouver l'ennui.
Ainsi, tu as consacré l'inutilité de la fête.

Aujourd'hui donc, Seigneur, que ma vie inactive
soit un bouquet de fleurs offert à mes amis.
Toi aussi, n'es-tu pas devenu l'inutile
aux yeux de tant de frères qui s'activent sans but ?
C'est pourquoi je bénis ton nom,
Dieu méconnu ! Dieu oublié !
Puisque tu m'appelles à être à ton image
le salut de ceux qui cherchent la paix
et la lumière d'un nouveau monde.

Hilaire Léonard-Étienne

## Nocturne

Si tu ne viens
Seigneur,
La blessure d'aimer
Qui pourra la guérir ?
Seul avec la grappe d'un cœur lourd
Partout
Me brûlera l'absence
Sans que jamais ne se consume
Ce désir de phalène
Pour l'étoile
Jusqu'à ce qu'enfin jusqu'à l'aube
Avoue.

Gilles Baudry (né en 1948)

# Notes et références

1. La première, chronologiquement et hiérarchiquement, des prières chrétiennes. Donnée par Jésus en réponse à la demande de ses apôtres : « Apprends-nous à prier. » Rapportée en deux versions remarquablement proches dans l'Évangile selon Matthieu (6,9-13) et l'Évangile selon Luc (11,2-4). Le début de la prière est inspiré du kaddish juif, la suite est parfaitement originale. La présente traduction est proche de la traduction œcuménique.

2. Prière pour l'office des vêpres et toutes les fêtes mariales, d'après l'Évangile selon saint Luc 1,46-55.

3. Prière formée sur plus de 1 500 ans et composée de deux parties : la première est tirée de la salutation de l'ange dans le récit de l'Annonciation (Luc 1,28) et de la salutation d'Élisabeth (Luc 1,42) ; elle constituait comme une prière en usage dès le IV^e siècle, mais fut popularisée au XI^e siècle. La seconde partie est faite d'énoncés de foi empruntés aux III^e, V^e (en 431, au concile d'Éphèse, Marie est officiellement déclarée *Theo-tokos*, « Mère de Dieu »), VIII^e et XIV^e siècles. Ces deux parties furent réunies au XIV^e siècle, mais la forme actuelle fut achevée au XVI^e siècle et officiellement éditée par le pape Pie V en 1568. Cette prière est, avec le *Notre Père*, la plus récitée en christianisme. Elle forme l'essentiel de la récitation du chapelet.

4. Prière pour l'office des complies, qui reprend le texte de l'Évangile selon saint Luc 2,29-32.

5. Clément de Rome, quatrième pape, martyr et saint de l'Église.

Prière conclusive de la Lettre aux Corinthiens, 59-61 (extraits). Texte théologique le plus ancien après les Évangiles.

Traduction du grec (modifiée) par H. Hemmer, *Les Pères apostoliques II, Clément de Rome*, éd. bilingue, Paris, A. Picard, 1926, p. 123-129.

6. Hymne dont les premières paroles reprennent le chant des anges à Bethléem (Évangile selon saint Luc 2,14). À l'origine, prière des laudes, composée en grec par l'Église d'Orient, le *Gloria* fut introduit dans la messe de la nuit de Noël au II^e siècle par le pape

Télesphore et son usage étendu, entre le VIe et le VIIIe siècle, à d'autres messes. À partir du XIIe siècle, son emploi fut généralisé pour tous les dimanches et fêtes, à l'exception des dimanches de l'Avent et du Carême ; il est récité ou chanté après le *Confiteor*.

7. Principale hymne d'adoration en catholicisme. La première partie est extraite du Livre d'Isaïe (6,3) ; la seconde vient de l'acclamation des Rameaux (Évangile selon saint Matthieu 21,9). Cette hymne a été introduite dans la messe dès le IIe siècle, et sa forme n'a guère changé depuis lors ; elle se retrouve dans toutes les liturgies orientales et latines.

8. Clément d'Alexandrie, né à Athènes. Converti au christianisme, il dirigea la prestigieuse École d'Alexandrie, succédant à Pantène et précédant Origène. Il se réfugia en Cappadoce pour fuir les persécutions. Il fut l'un des premiers grands théoriciens de la relation entre philosophie, Bible et christianisme.

*Le Pédagogue*, trad. B. Troo et P. Gauriat, Paris, Migne, 1991, CI, 1-2, p. 302-303 (trad. modifiée).

9. Saint Hippolyte de Rome, prêtre romain, martyr.

*Homélies pascales*, I, *Une homélie inspirée du Traité sur la Pâque d'Hippolyte*, Paris, Cerf, « Sources chrétiennes », n° 27, 1950.

10. Origène, né à Alexandrie. En 215, il succède à Clément d'Alexandrie à la tête de l'École théologique d'Alexandrie. Destitué de ses fonctions sacerdotales en 231, il s'installe à Césarée, en Palestine. Il est considéré à la fois comme le père de l'exégèse biblique et comme l'un des premiers grands philosophes chrétiens.

*Homélie sur les nombres*, III, Paris, Cerf, « Sources chrétiennes », n° 461, 2001, XXII, 230-236, p. 98-99.

11. L'hymne mariale la plus ancienne (excepté le *Magnificat*). Attestée dans un papyrus grec d'Alexandrie.

12. Jean Chrysostome, né à Antioche. Archevêque de Constantinople, théologien, il fut l'un des Pères de l'Église grecque.

Pseudo-Chrysostome, *De angusta porta et in orationem dominicam*, éd. J.-P. Migne, Patrologie grecque, 51, col. 46.

13. Synésios [également orthographié Synésius] de Cyrène, né à Cyrène (Libye). Rhéteur, philosophe de l'École néo-platonicienne, converti à la foi chrétienne puis évêque de Ptolémais.

*Hymnes*, I, Paris, Les Belles Lettres, 1978, p. 48-50 (trad. modifiée).

14. L'origine de cette hymne comporte plusieurs versions. Dom Morin (XVIIe siècle), grand prieur de l'abbaye de Ferrières, tenait pour son premier auteur saint Nicétas de Remesiana (IVe-V[e] siècles), évêque de Serbie, théologien et compositeur de vers liturgiques. Selon une autre tradition datant de la fin du VIIIe siècle, fortement combattue par plusieurs maîtres de la scolastique médiévale, elle aurait été composée et chantée par trois saints la nuit du baptême de saint Augustin au IVe siècle. Enfin, certains estiment qu'elle s'inspire des écrits de saint Cyprien de Carthage (IIIe siècle). Parce qu'elle fut liée à l'histoire de Milan, elle est parfois appelée, en référence à saint Ambroise de Milan, l'hymne ambrosienne, dans le Bréviaire romain.

Outre son usage dans l'office régulier, le *Te Deum* est chanté en des occasions particulières telles l'élection d'un pape, la consécration d'un évêque, la profession d'un religieux, la publication d'un traité de paix, un couronnement royal, ou un baptême : on le chante en polyphonie, en psalmodie ou en tant que chant grégorien. Il fut mis en musique par Mozart et surtout par Marc Antoine Charpentier dont la version est restée la plus célèbre.

15. Hilaire de Poitiers, évêque de Poitiers, théologien, docteur de l'Église en 1851.

*La Trinité*, trad. A. Martin, Paris, Desclée de Brouwer, 1981, livre VI, 19-20 (trad. modifiée).

16. Hilaire de Poitiers, *ibid.*, livre I, 37-38 (trad. modifiée).

17. Éphrem de Nisibe, né à Nisibe, province romaine de Mésopotamie (Turquie). Nommé également « Éphrem le Syrien ». Diacre et docteur et saint de l'Église ; l'un des plus grands poètes de la langue syriaque.

Texte in Olivier Clément, *Trois Prières*, Paris/Genève, Labor et Fides, 1997, p. 22 (trad. modifiée).

18. Éphrem le Syrien, *Prière des premiers chrétiens*, Paris, Desclée de Brouwer, 1979, p. 150 (trad. modifiée).

19. Grégoire de Nazianze, né en Cappadoce. Évêque de Sasima, puis Nazianze et Constantinople, théologien et mystique.

*Poèmes*, trad. P. Gallay, Paris, Éditions ouvrières, 1941, II, I, 24 (trad. modifiée).

20. Grégoire de Nazianze, *Hymne*, éd. J.-P. Migne, Patrologie grecque, 37, col. 507-508.

L'attribution de cette hymne à Grégoire de Nazianze peut s'expliquer par l'extraordinaire proximité des thèmes que l'on retrouve notamment dans le IVe « Discours sur Dieu » (17).

21. Ambroise de Milan, né (probablement) à Trèves (Allemagne actuelle). Évêque de Milan de 374 jusqu'à sa mort. Poète et écrivain, fervent protagoniste de la lutte contre l'hérésie aryenne. L'un des Pères de l'Église latine.

*Sermon 22 sur le Psaume 118*, éd. J.-P. Migne, Patrologie latine, 15, col. 1520-1521.

22. Prudence, né Aurelius Prudentius Clemens, en 348, à Calagurris (aujourd'hui Calahorra), province de Tarragone (Espagne). Poète latin et chrétien, auteur d'une œuvre lyrique, mais aussi didactique et polémique.

*Livres d'heures*, t. I, trad. M. Lavarenne, Paris, Les Belles Lettres, 1943, p. 32-33 et 36-37.

23. Cyrille d'Alexandrie, évêque d'Alexandrie. Théologien particulièrement actif au concile d'Éphèse, proclamé docteur de l'Église en 1883.

*Opera*..., éd. J.-P. Migne, Patrologie grecque, 75, Paris, 1859, col. 776-777.

24. Saint Augustin, philosophe, théologien, d'origine berbère, né à Taghaste (Algérie). Le penseur et maître spirituel le plus important des Pères de l'Église.

*Soliloques*, livre I, 5.

25. Saint Augustin, *De Trinitate*, livre XV.

26. Saint Augustin, *Confessions*, livre X, chap. XXVII.

27. Saint Augustin, *Confessions*, livre XIII, chap. XXXV-XXXVIII.

28. Saint Augustin, *Soliloques*, trad. J. Artaud, Paris, A. Redier, I, I, 3, p. 9-10 (trad. modifiée).

29. Isaac d'Antioche, originaire d'Édesse (à l'est de l'actuelle Turquie). Il mena sa vie de moine à Antioche où il mourut vers 460. Il composa la plupart des homélies mises sous son nom.

Texte in Jean Dorcase (dir.), *Des mots pour prier*, Paris, Cerf, 1988.

30. Saint Germain, patriarche de Constantinople en 715, grand confesseur de la foi, déposé en 729 par Léon l'Isaurien.

L'hymne « acathiste » (« à chanter debout ») est l'une des plus sublimes poésies mariales de la liturgie orientale.

Trad. père Laurenceau, à partir du texte grec, G. C. Meersseman, « Der Hymnos Akathistos im Abenland », I, Fribourg, 1958, première et dernière des douze strophes (trad. modifiée).

31. Hymne à l'origine incertaine, parfois attribuée à Venantius Fortunatus (530-609) ou à Paul Diacre. Les hypothèses les plus sérieuses la datent du IXe siècle car elle est préservée dans le *Codex Sangallensis* de saint Gall. Cette hymne religieuse est employée dans l'office divin et le petit office de la Sainte Vierge, ainsi qu'aux vêpres et dans le bréviaire romain lors des fêtes à la Vierge Marie. L'origine du titre « Étoile de la mer » donné à la Vierge Marie proviendrait d'un passage du Premier Livre des Rois (18,41-45). Elle fut mise en musique notamment par Monteverdi, Vivaldi, Dvořák et Liszt. Une version modifiée de cette prière constitue l'hymne national de l'Acadie.

32. Syméon le Nouveau Théologien, né à Galataï en Paphlagonie (ancienne région de l'Asie Mineure). Abbé du monastère de Saint-Mamas, auteur d'une œuvre théologique spirituelle et catéchétique. Dans l'Église orthodoxe, l'un des trois saints – avec l'apôtre Jean et Grégoire de Nazianze – à avoir reçu le titre de « théologien ».

*Catéchèses*, III, « Sources chrétiennes », n° 113, Paris, Cerf, 1965, p. 355.

33. Grégoire de Narek, né à Vaspourakan (Arménie), moine du monastère de Narek, saint de l'Église.

*Le Livre de prières*, traduit de l'arménien par I. Kchichian, Paris, Cerf, « Sources chrétiennes », n° 78, 1961, troisième prière, « Du fond du cœur, colloque avec Dieu », p. 67-68.

34. Guillaume de Saint-Thierry, né à Liège (Suisse), moine en l'abbaye de Saint-Nicaise. Puis abbé du monastère bénédictin de Saint-Thierry, près de Reims. Ami puis adversaire théologique d'Abélard. La *Lettre aux frères du Mont-Dieu* (1144), écrit testamentaire, est son chef-d'œuvre.

*La Contemplation de Dieu*, éd. Dom J. Hourlie, Paris, Cerf, « Sources chrétiennes », n° 61, 1959, XIII, p. 107-108.

35. Le *Micrologue* de Bernold de Constance est le premier texte qui cite directement le *Confiteor*. Les versions du texte ont varié avec l'histoire des ordos et des conciles, par exemple avec le concile de Ravenne ou les missels de Paul III et de Pie V. La version ici reproduite est celle du missel de Paul VI. Cette prière est récitée notamment au début de

la messe et au cours du sacrement de Réconciliation (sacrement de Pénitence) comme préparation spirituelle.

36. L'une des quatre antiennes mariales. Dans le calendrier liturgique, elle est surtout priée pendant le temps de Noël et le temps de l'Avent jusqu'à la fête de la purification de la Vierge Marie, mais elle peut être priée à bon gré avec la liturgie des heures.

37. Bruno le Chartreux, né à Cologne (Allemagne), fondateur de l'ordre des Chartreux. Canonisé en 1514.

*Opera omnia*, éd. J.-P. Migne, Patrologie latine, 152.

38. Anselme de Canterbury, né à Aoste (Italie). Abbé de l'abbaye du Bec (Normandie) en 1078. Archevêque de Canterbury (Angleterre) en 1093. Canonisé en 1496, proclamé docteur de l'Église en 1720.

*L'Œuvre de saint Anselme de Cantorbéry*, t. V, Paris, Cerf, 1988, p. 259 (trad. modifiée).

39. Bernard de Clairvaux, né Bernard de Fontaine. Abbé de Clairvaux, moine réformateur français, théologien, canonisé en 1174.

*Œuvres mystiques de saint Bernard*, Paris, Seuil, 1953, p. 50-51.

40. Adhémar de Monteil, évêque du Puy de 1077 à 1098. L'un des principaux chefs francs de la première croisade.

Hymne écrite en 1097. Prière liturgique conclusive de l'office des complies, modifiée à la fin du XVII^e siècle par le jésuite Francesco de Geronimo (province de Tarente), soucieux d'en offrir une version accessible à tous. Elle fut mise en musique par les plus grands compositeurs dont Monteverdi, Scarlatti, Lully, Haydn, Rossini, Liszt et Poulenc, et maintes fois paraphrasée par les organistes du XVI^e siècle pour les besoins du service liturgique.

41. Aelred de Rievaulx, né dans le Yorkshire (Angleterre), moine cistercien, abbé du monastère de Revesby puis du monastère de Rievaulx ; l'un des meilleurs représentants du monachisme cistercien de son époque en territoire anglais. Auteur d'une œuvre théologique et spirituelle importante.

*Le Miroir de la charité*, Bégrolles-en-Mauges, Bellefontaine, 1992, p. 50-51.

42. Étienne Langton, exégète, théologien, prédicateur prestigieux, prélat, et poète liturgique. Cardinal-archevêque de Canterbury.

43. L'une des quatre hymnes mariales du catholicisme. Chantée du jour de Pâques jusqu'à la Pentecôte. Elle est chantée pendant l'office divin toute l'année et priée surtout depuis la fête de la présentation de Jésus jusqu'au Jeudi saint. On lui donne une importance spéciale pendant le septuagésime, le Carême et le temps de la Passion. Mise en musique notamment par Guillaume Dufay, Pierluigi da Palestrina, Haydn et Marc Antoine Charpentier.

44. L'une des quatre antiennes mariales.

45. François d'Assise, fondateur de l'ordre franciscain, canonisé en 1228.

*Écrits*, Paris, Cerf, 1981, « Sources chrétiennes », n° 285, p. 339-341.

46. François d'Assise, in Christian Renoux, *La Prière pour la paix. Une énigme à résoudre*, Paris, Éditions franciscaines, 2001, p. 173.

47. François d'Assise, *Œuvres*, Paris, Albin Michel, 1959, p. 255-256.

48. Hadewijch d'Anvers, née à Anvers (Pays-Bas). Mystique béguine, poète.

*Strophische Gedicten*, poème 17 (1re partie), traduit du moyen-néerlandais par le père Jean-Baptiste Poiron, *Hadewijch d'Anvers. Écrits mystiques des béguines*, Paris, Seuil, 1994, p. 116.

49. Saint Thomas d'Aquin, né près de la petite ville d'Aquino, dans le royaume de Naples (Italie). Religieux de l'ordre dominicain, philosophe et théologien, le plus grand maître de la scolastique médiévale. Canonisé en 1323, proclamé docteur de l'Église en 1568.

Même si l'attribution de cette prière à Thomas est mise en doute par la critique, on reconnaît sans peine la tonalité de l'œuvre du maître.

*Opera omnia*, t. XXIV, Parme, 1869, p. 243.

50. Prière que Thomas d'Aquin récitait chaque jour au pied du crucifix.

*Prières de saint Thomas d'Aquin*, trad. abbé Sertillanges, Paris, Art catholique, 1925, p. 99 p. 83-85 (trad. modifiée).

51. Prière chantée le Jeudi saint, jour de l'institution de la Cène.

*Les Plus Belles Pages de saint Thomas d'Aquin*, éd. A.D. Sertillanges et B. Boulanger, Paris, Flammarion, 1929, p. 224-225 (trad. modifiée).

52. Jacopone da Todi, né à Todi (Italie). Moine franciscain, auteur d'une œuvre spirituelle et poétique parmi les plus importantes de l'Italie médiévale.

Prière mise en musique par Luigi Boccherini en 1781, avec révision en 1801.

*Quelques poésies de Fra. Jacopone da Todi*, transcrites de l'ombrien par P. Bardet, trad. J. Pacheu, Paris, Desclée de Brouwer, 1935.

53. Jacopone da Todi, *ibid.*, p. 351-352, « La danse d'amour » (trad. modifiée).

54. Gertrude d'Helfta, née près d'Eisleben (Allemagne). Connue sous le nom de Gertrude la Grande. Religieuse bénédictine et mystique.

*Exercices de la moniale d'Helfta*, Paris, Art catholique, 1919, p. 153.

55. Maître Eckhart, né à Hochheim. Religieux de l'ordre dominicain, théologien. Le plus grand des « mystiques rhénans ».

Traktat III, « Von der Seele Werdikeit und Eigenschaft », Franz Pfeiffer (dir.), *Deutsche Mystiker der vierzehnten Jahrhunderts*, t. II, *Meister Eckhart*, Leipzig, 1857, p. 414 *sq*.

56. Dante Alighieri, né à Florence (Italie), poète, écrivain et homme politique. Le premier grand poète de la langue italienne.

*La Divine Comédie*, *Le Paradis*, trad. Fr. Mégroz, Lausanne, L'Âge d'homme, 1997, chant XXXIII, p. 266 (trad. modifiée).

57. Prière généralisée en Europe dans la première moitié du XIVe siècle, mais dont les racines remontent au milieu du XIIIe siècle, lorsque saint Bonaventure forma l'habitude parmi les franciscains de réciter les trois *Ave* au son de la cloche. Parmi ses plus lointaines origines, une règle monastique écrite par saint Æthelwold de Winchester vers 975 (*Regularis Concordia*) invitant aux *tres orationes.* À partir du XIVe siècle, la récitation des trois *Ave* de l'Angélus au son de la cloche des offices divins monastiques traduisait l'intention de répandre la prière quotidienne chez les laïcs.

58. Henri Suso (Heinrich Seuse), né à Constance. Religieux de l'ordre dominicain, disciple de Maître Eckhart. Proclamé « Bienheureux » en 1831.

*Le Livre de l'éternelle sagesse*, XIV, *Œuvres complètes*, trad. J. Ancelet-Eustache, Paris, Seuil, 1977, p. 406-407 (trad. modifiée).

59. Antienne composée à Reichenau en Suisse. Chantée pendant la messe lors de l'élévation de l'hostie ou pour saluer l'élévation du

Christ sur la croix. Mise en musique notamment par Mozart, Schubert, Gounod et Tchaïkovski.

60. Prière retrouvée dans l'Alcazar de Séville, à l'époque de Pierre le Cruel. Datée de 1370 par James Mearns, hymnologue britannique, qui l'a retrouvée dans un manuscrit du British Museum. Mise en musique notamment par Jean-Baptiste Lully et William Joseph Malher.

61. Prière dédiée à la Vierge Marie, dont les premiers mots sont empruntés au Cantique des cantiques : « Tu es toute belle, mon amie, et en toi il n'y a point de défaut » (4,7).

62. Catherine de Sienne, tertiaire de l'ordre dominicain, théologienne et mystique, née à Sienne (Italie). Canonisée en 1461, proclamée docteur de l'Église en 1970.

*Les Oraisons*, Paris, Art catholique, 1919, extrait de la 7e oraison, p. 65 (trad. modifiée).

63. Catherine de Sienne, *ibid.*, extrait de la 11e oraison, p. 110-112 (trad. modifiée).

64. Catherine de Sienne, *Le Dialogue de sainte Catherine de Sienne*, Paris, Téqui, 1976, p. 51-52.

66. Dom Conrad de Haimbourg, moine chartreux.

Texte in Dom Augustin Devaux, *La Poésie latine chez les Chartreux*, Analectica cartusiana, Salzbourg, 1997, p. 35 et 37.

67. Michel-Angé, né à Caprese (Toscane). Peintre, sculpteur, poète et architecte, dont l'œuvre a influencé la Renaissance italienne.

*Poésies*, trad. M. Orcel, Paris, Imprimerie nationale, 1993, p. LXXXII.

68. Thomas A. Kempis, né à Kempen (Allemagne). Chanoine de Cologne et abbé du monastère augustinien du Mont-Sainte-Agnès, Windesheim (Hollande).

*Le Rhin mystique*, trad. M. Michelet, Paris, Arthème Fayard, 1960, « Les trois tabernacles », p. 346 (trad. modifiée).

69. Nicolas de Cues, né à Cues (Moselle). Avocat puis ecclésiastique, évêque de Brixen puis cardinal. Métaphysicien et théologien, auteur d'une œuvre dont la portée est considérable.

*Le Tableau ou la Vision de Dieu* (*De visione Dei sive de icona – 1453*), trad. A. Minazzoli, Paris, Cerf, 1986, p. 69 (trad. modifiée).

70. Thomas Webb.

71. Thomas More, né à Londres (Angleterre). Juriste, historien, philosophe, théologien et homme politique. Décapité pour avoir refusé de signer deux serments : celui de la suprématie du roi sur l'Église d'Angleterre et celui de la succession royale. Béatifié en 1886.

*L'Expérience de Dieu avec Thomas More*, éd. J. Dufresne, Montréal, Fides, 1999, « Prière » (extrait), p. 73-74 (trad. modifiée).

72. Martin Luther, moine allemand de l'ordre des Augustins. Premier initiateur de la Réforme protestante.

*Œuvres complètes*, t. VII, Genève, Labor et Fides, 1957, p. 101-121.

73. Martin Luther, *ibid.*, p. 283.

75. Ignace de Loyola, né à Azpeitia dans le Pays basque espagnol. Fondateur et premier supérieur général de la Compagnie de Jésus. Canonisé en 1622, en même temps que François-Xavier et Thérèse d'Avila.

*Exercices Spirituels*, Paris, Desclée de Brouwer, 1960, « Contemplation pour obtenir l'amour », p. 128.

76. Ignace de Loyola, in Jacques Sevin, *Pour devenir scout de France*, Paris, Éditions Spes, 1923, p. 72.

77. Jean-Michel de Vesly, moine chartreux.

« Explication de la dizaine de chapelet contenant les vertus théologales et cardinales », *Psalterium decachordum*, Lyon, 1598, p. 200.

78. Jean Calvin, né près de Noyon (France). Juriste de formation, il fut, avec Luther, l'un des initiateurs de la Réforme protestante.

Texte in *Alléluia. Recueil de chants de la Fédération protestante*, Lyon, Éditions Olivetan, 2005, p. 1121-1122.

79. Thérèse d'Avila (nom de religion : Teresa de Jesús). Religieuse, mystique et réformatrice de la branche féminine du Carmel.

*Œuvres complètes*, trad. M. Auclair, Paris, Desclée de Brouwer, 1964, p. 1071 et 1073.

80. Jean de la Croix, né à Fontiveros (Espagne), Juan de Yepes de son premier nom. Religieux, mystique et réformateur de la branche masculine du Carmel, en développant l'ordre des Carmes déchaussés. Canonisé en 1726, docteur de l'Église en 1926.

Prière écrite en 1578. Le refrain de cette prière poétique se retrouve dans le poème de 1571 composé par Thérèse d'Avila ; on peut penser que Jean de la Croix s'en est directement inspiré. La critique a pu émettre également l'hypothèse d'une source populaire antérieure aux deux auteurs.

*Œuvres complètes*, trad. Cyprien de la Nativité de la Vierge, Paris, Desclée de Brouwer, 1967, p. 917-920 (trad. modifiée).

81. Jean de la Croix, *ibid.*, p. 529-535 (trad. modifiée).

82. Jean de la Croix, *ibid.*, p. 978.

83. William Shakespeare, né à Stratford-upon-Avon, dans le Warwickshire (Angleterre). Considéré comme le plus grand poète, dramaturge et écrivain de la culture anglo-saxonne.

*Œuvres complètes*, I, *Poèmes*, trad. J. Fuzier, Paris, Gallimard, « Bibliothèque de la Pléiade », 1965, sonnet 26, p. 91 (trad. modifiée).

84. François de Sales, né près d'Annecy (France). Évêque de Genève et célèbre prédicateur. Fondateur de l'ordre de la Visitation. Canonisé en 1665, proclamé docteur de l'Église en 1777.

*Traité de l'amour de Dieu*, t. II, Paris, Seuil, 1996, livre IX, chap. III, p. 140-141.

85. Johannes Kepler, né à Magstatt (France). Astronome célèbre.

*Opera omnia*, t. V, Francfort/Erlangae, Heyder & Zimmer, 1864, *Harmonices Mundi*, livre V, chap. X, p. 323.

86. Johannes Kepler, *ibid.*, p. 327.

87. Pierre de Bérulle, né à Troyes (France). Cardinal et homme d'État. Fondateur de la congrégation de l'Oratoire.

88. Saint Vincent de Paul, né près de Dax (France) sous le nom de Depaul. Fondateur de la congrégation de la Mission (les Lazaristes) et de la compagnie des Filles de la Charité (sœurs de saint Vincent de Paul) vouée au service des malades et des pauvres. Il fonde un hospice pour les vieillards, qui deviendra l'hôpital de la Salpêtrière en 1657. Canonisé en 1737.

Texte in André Didon, *En prière avec Monsieur Vincent*, Paris, Desclée de Brouwer, 1982, p. 169.

89. Jean-Joseph Surin, né à Bordeaux. Jésuite et mystique, auteur d'une œuvre spirituelle majeure, mise en relief au XX^e^ siècle, notamment par Michel de Certeau.

*Poésies spirituelles*, Paris, Vrin, 1957, p. 122, 125, 126.

90. Jean Eudes, né à Ri (Orne, France). Fondateur des sœurs de Notre-Dame de Charité et de la société des prêtres de Jésus et de

Marie, dite des Eudistes, vouée à la formation du clergé et aux prédications dans les paroisses populaires.

*La Dévotion au Très-Saint-Cœur et au Très-Sacré-Nom de la bienheureuse Vierge Marie*, Paris, Bibliothèque Sainte-Geneviève, 1631.

91. *L'Imitation de Jésus-Christ*, traduite en vers français par Pierre Corneille, livre III, chap. III.

92. Jean de la Fontaine, né à Château-Thierry (France). Poète, moraliste, dramaturge, librettiste et romancier français.

93. Blaise Pascal, né à Clermont (Auvergne, France). Génie précoce, mathématicien et physicien, philosophe, moraliste et théologien.

Texte retrouvé dans la doublure du vêtement de Pascal, après sa mort.

94. Blaise Pascal, *Opuscules et lettres de Pascal*, Aubier, 1955, « Prière pour demander à Dieu le bon usage des maladies », IV, extrait, p. 155-156.

95. Jacques Bénigne Bossuet, né à Dijon (Cœur). Évêque de Condom (Gers) en 1670 puis de Meaux en 1681, théologien et prédicateur célèbre, auteur d'une œuvre abondante principalement consacrée à la doctrine catholique.

Cette prière, qui paraphrase le Psaume 65, comporte plusieurs variantes.

*Œuvres Complètes de Bossuet*, t. XXVI, Paris, Éditions Louis Vivès, 1864, p. 96-97.

96. Nicolas Malebranche, né à Paris, prêtre oratorien, philosophe et théologien, auteur d'une œuvre considérable. Penseur « moderne » le plus important après Descartes.

*Méditations chrétiennes et métaphysiques*, t. X, Paris, Vrin, 1967, p. 206.

97. Jean Racine, né à la Ferté-Milon (France), poète tragique, l'un les plus grands dramaturges classiques français, auteur d'une œuvre théâtrale exceptionnelle.

*Cantiques spirituels*, III, Paris, Gallimard, 1999, p. 22-23.

98. Jean Racine, *Hymnes du bréviaire romain*, Paris, Gallimard, 1999, p. 35.

99. François Fénelon, né au château de Fénelon, Périgord (France). Évêque de Cambrai, théologien et écrivain.

*Traité de l'existence et des attributs de Dieu*, trad. A. Lebel, Édition de Versailles, I^re^ partie, « Prière à Dieu », 1820.

100. François Fénelon, *Discours pour le sacre de l'électeur de Cologne, De l'existence de Dieu*, Paris, Garnier Frères, 1885, extrait.

101. Sœur Véronique-Sophie, religieuse française du XVIIe siècle. Texte paru dans *Carrefour*, octobre 1994.

102. Louis-Marie Grignion de Montfort, né à Montfort-sur-Meu (Bretagne). Prêtre et prédicateur du monde rural. Fondateur de la congrégation des Filles de la Sagesse et de la Compagnie de Marie.

*Œuvres complètes*, Paris, Seuil, 1982, p. 215.

103. Jean-Marie Vianney, né à Dardilly, près de Lyon (France). Plus connu sous le nom du « curé d'Ars ». Canonisé en 1925, proclamé en 1929 « Patron de tous les curés de l'Univers ».

*Pensées*, éd. B. Nodet, Paris/Lyon, Desclée de Brouwer/Mappus, 1958, p. 45.

104. Alphonse de Lamartine, né à Mâcon (France), poète, écrivain, historien, et homme politique français.

*Œuvres poétiques complètes*, Paris, Gallimard, « Bibliothèque de la Pléiade », 1963, « Harmonies poétiques et religieuses », V, p. 306-308.

105. John Henry Newman, né à Londres (Angleterre), prêtre anglican puis prêtre catholique appartenant à l'Oratoire, prédicateur et théologien influent. Cardinal en 1879.

*Méditations et prières*, trad. M.-A. Pératé, Paris, Gabalda & Cie, 1909, p. 142 (trad. modifiée).

106. John Henry Newman, *Verses on Various Occasions*, Londres/New York, Green & Co, 1888, p. 156.

107. Victor Hugo, né à Besançon (France). Écrivain, dramaturge, poète, homme politique, académicien et intellectuel engagé français considéré comme le plus important des écrivains romantiques de langue française. Auteur d'une œuvre diverse : romans, poésie lyrique, drames en vers et en prose, discours politiques à la Chambre des Pairs, correspondances.

« À Villequier », 4 septembre 1847 (après la mort de sa fille à Villequier), *Les Contemplations*, Paris, Garnier Frères, 1962, p. 179-184.

108. Soeren Kierkegaard, né à Copenhague (Danemark). Philosophe danois, considéré comme le père de la philosophie existentialiste.

*Papiter*, Copenhague, 1909, X, 3, A 11, trad. fr. *La Difficulté d'être chrétien*, Paris, Cerf, 1964, p. 274.

109. Soeren Kierkegaard, *ibid.*, p. 276-277.

110. Soeren Kierkegaard, *Prières et fragments sur la prière*, chez le traducteur P.-H. Tisseau, Bazoges-en-Pareds, 1937, np. et 12

111. Fédor Dostoïeski, né à Moscou. L'un des plus grands romanciers russes, dont l'influence en littérature et en philosophie est considérable.

*Les Frères Karamazov*, VIII, 6.

112. Charles Baudelaire, né à Paris. Poète incompris en son temps. Auteur d'une œuvre majeure traversée par les questions du mal et de beau, de la violence et du bonheur.

*Le Spleen de Paris*, « Mademoiselle Bistouri », *Œuvres de Baudelaire*, t. II, Paris, Gallimard, « Bibliothèque de la Pléiade », 1935, p. 487.

113. Charles Baudelaire, *Spleen.*

114. Paul Verlaine, né à Metz, poète, converti en prison au catholicisme, auteur d'une œuvre universellement saluée.

*Sagesse*, Paris, Gallimard, « Poésie », 1975, II, 1, p. 76-78.

115. Paul Verlaine, *ibid.*, IV, 8, p. 85.

116. Bernadette Soubirous, née à Lourdes et décédée comme religieuse à Nevers. Célébrée pour avoir été, en 1858, témoin des apparitions de la Vierge Marie dans une grotte de sa ville natale, aujourd'hui le plus haut lieu de pèlerinage chrétien. Canonisée en 1933.

Texte inédit.

117. Léon Bloy, né à Périgueux (France), poète et essayiste.

*Pages de Léon Bloy*, éd. R. et J. Maritain, Paris, Mercure de France, 1951.

118. Charles de Foucauld, né à Strasbourg (France). Officier de l'armée française, puis moine à Notre-Dame des Neiges (France), à la Trappe de Cheiklé (Syrie), au monastère de Staouéli (Algérie). Ordonné prêtre en 1901, il s'installe à Tamanrasset (Hoggar). Traducteur de l'Évangile en tamachek et auteur d'un dictionnaire touareg-français. Il meurt assassiné devant son ermitage. Béatifié en 1905.

Texte paru dans le *Bulletin de l'association Charles de Foucauld*, 3e trimestre 1946.

119. Charles de Foucauld, *Méditations sur l'Écriture sainte*, II, *Méditations sur les Psaumes*, Montrouge, Nouvelle Cité, 2005, p. 41-42.

120. Francis Jammes, né à Tournay (France). Poète et essayiste.

*Œuvre poétique complète*, t. I, Biarritz, J & D, 1995, « Le Deuil des Primevères », p. 324-325.

121. Francis Jammes, *ibid.*, p. 318.

122. Francis Jammes, *ibid.*, p. 319.

123. Francis Jammes, *ibid.*, p. 320.

124. Paul Claudel, né à Villeneuve-sur-Fère (France). Diplomate, converti au catholicisme à Notre-Dame de Paris en 1886. Poète, dramaturge et essayiste, membre de l'Académie française.

*Autres poèmes durant la guerre*, Paris, Éditions de la NRF, 1916, p. 7-9 (prière écrite en 1910).

125. Paul Claudel, *Bréviaire poétique*, Gallimard, 1999, p. 15-18.

126. André Gide, né à Paris. Écrivain et essayiste français.

*Journal*, Gallimard, « Bibliothèque de La Pléiade », 1940, « Numquid e tu… », p. 588.

127. Thérèse de l'Enfant-Jésus, née à Alençon (France), Thérèse de l'Enfant-Jésus et de la Sainte-Face est plus connue sous le nom de sainte Thérèse de Lisieux. Religieuse carmélite, mystique, canonisée en 1925, proclamée patronne des missions en 1927 puis, en 1944, sainte patronne secondaire de la France. Docteur de l'Église en 1997.

*Histoire d'une âme. Lettres et poésies. Pluie de roses*, Paris, Librairie Saint-Paul, 1920, « Poésies », Ire partie, p. 375 (prière composée en 1894).

128. Thérèse de l'Enfant Jésus, *ibid.*, Ire partie, p. 404 (prière composée en 1896).

129. Charles Péguy, écrivain, poète et essayiste, né à Orléans (France). Converti au catholicisme, auteur d'une œuvre poétique et théâtrale d'inspiration mystique.

*Œuvres poétiques complètes*, Paris, Gallimard, « Bibliothèque de la Pléiade », 1957, *Le Porche du mystère de la deuxième vertu*, p. 568, 572-573.

131. Charles Péguy, *ibid.*, *Le Mystère de la vocation de Jeanne d'Arc*, p. 1257-1258.

132. Rainer Maria Rilke, né à Prague dans une famille autrichienne. Poète.

*Œuvres poétiques et théâtrales*, trad. J.-C. Crespy, Paris, Gallimard, « Bibliothèque de la Pléiade », 1997, « Le livre de la pauvreté et de la mort » (1903), p. 342 (trad. modifiée).

133. Rainer Maria Rilke, *ibid.*, p. 344-345 (trad. modifiée).

134. Albert Schweitzer, né à Kaysersberg (Haut-Rhin). Théologien protestant, musicien, philosophe et médecin alsacien, lauréat du prix Goethe en 1928 et du prix Nobel de la paix en 1952.

135. Anna de Noailles, née à Paris, Anna, princesse Brancovan, comtesse Mathieu de Noailles, d'origine roumaine par son père et grecque par sa mère. Femme de lettres et de culture française, auteur d'essais, de romans et de nouvelles.

*Les Vivants et les morts*, Paris, Arthème Fayard, 1917, p. 273-374.

136. Élisabeth de la Trinité, née à Dijon (France). Religieuse du Carmel à 21 ans, béatifiée en 1984.

Texte in Eugène Vandeur, *Élévations*, abbaye bénédictine de Louvain, 1904, p. 21-24.

137. Madeleine Daniélou, née à Mayenne (France). Elle fonde en 1911 une communauté apostolique de femmes consacrées à saint François-Xavier, d'inspiration ignacienne, ainsi qu'un groupe d'écoles dont la visée pédagogique unit valeurs intellectuelles et chrétiennes.

*Vous prierez ainsi*, Paris, Desclée de Brouwer, 1960, p. 197-198.

138. Paul Couturier, originaire de Lyon (France), prêtre en 1906. Fondateur du Groupe des Dombes qui réunit des théologiens catholiques et protestants.

*Prière et unité chrétienne*, Le Puy, Xavier Mappus, 1952.

139. Pierre Teilhard de Chardin, né à Orcines/Puy de Dôme (France). Jésuite, théologien et philosophe des sciences, auteur d'une œuvre considérable.

*Je m'explique*, Paris, Seuil, 1950, p. 223-225.

140. Pierre Teilhard de Chardin, *Le Milieu divin*, Paris, Seuil, 1957, p. 141.

141. Jean XXIII, né près de Bergame (Italie). Nonce apostolique de Paris, puis cardinal-archevêque de Venise. Élu pape en 1958. Initiateur du concile de Vatican II.

*Pacem in terris*, Paris, Fleurus, 1963.

142. Raïssa Maritain, née en Ukraine d'une famille juive. Mariée à Jacques Maritain, philosophe comme elle et avec lequel elle s'est convertie au catholicisme en 1906.

Jacques et Raïssa Maritain, *Œuvres complètes*, t. XV, *Poèmes et essais*, Fribourg/Paris, Éditions universitaires/Éditions Saint-Paul, 1995, p. 542-543.

143. Marie Noël, née à Auxerre (France), de son vrai nom Marie Rouget. Poète et écrivain.

*Les Chants de la Merci*, Paris, Stock, 1939, p. 95-98.

144. Marie Noël, *Chants d'arrière-saison*, Stock, Paris, 1961.

145. François Mauriac, né à Bordeaux (France), écrivain, romancier et journaliste. Académicien en 1933. Prix Nobel de littérature en 1952.

*Orages*, Paris, Grasset, 1949, p. 49.

146. Karl Barth, né à Bâle (Suisse). Pasteur, théologien protestant. Il a enseigné principalement en Allemagne ; auteur d'une œuvre théologique considérable.

*Aux captifs la liberté*, Genève, Labor et Fides, 1964, p. 82.

147. Georges Bernanos, né à Paris. Romancier, essayiste et polémiste célèbre.

*Sous le soleil de Satan*, Paris, Plon, 1926, p. 296-297.

148. Gabriel Marcel, né à Paris. Philosophe d'inspiration existentialiste, auteur dramatique. Il se convertit au catholicisme en 1922. Membre de l'Académie des sciences morales et politiques en 1952, Grand Prix national des Lettres en 1958.

*Du refus à l'invocation*, Paris, Gallimard, 1955, p. 189-190.

149. Erich Przywara, né à Kattowitz (Pologne). Jésuite, philosophe et théologien allemand, auteur d'une œuvre influente.

*Résurrection dans la mort*, Paris, Cerf, 1960, p. 53-55.

150. Édith Stein, née à Breslau (Silésie), d'origine juive. Philosophe, disciple de Husserl et de Scheler ; convertie en 1922. Religieuse carmélite sous le nom de Thérèse-Bénédicte de la Croix, elle meurt au camp d'Auschwitz. Canonisée en 1988.

*Le Secret de la croix*, Paris, Cerf/Parole et silence, « Neuvaine de Pentecôte 1937 », p. 45.

151. Édith Stein, *Poèmes et Prières*, *La Puissance de la Croix*, Paris, Nouvelle Cité, 1982, p. 96-97.

152. Édith Stein, *Œuvres*, Bâle/Vienne, 1977, IX, 71 f.

153. Maximilien Kolbe, né à Zduńska Wola (Pologne). Religieux franciscain, il meurt au camp d'Auschwitz. Canonisé comme martyr en 1982.

*La Mission de l'Immaculée*, Paris, Lethielleux, 1976.

154. Jean Grenier, né à Paris, professeur de philosophie à Alger (Albert Camus fut son élève), puis en Sorbonne. Écrivain, collaborations littéraires avec Jean-Paul Sartre.

*Prières*, Saint-Clément-la-Rivière, Fata Morgana, 1983, p. 21-22.

155. Jean Grenier, *ibid.*, p. 23-25.

156. Antoine de Saint-Exupéry, né à Lyon. Poète, romancier et aviateur, disparu au cours d'une mission de reconnaissance aérienne le 31 juillet 1944. Universellement célébré pour son œuvre littéraire comportant notamment *Terre des hommes* et *Le Petit Prince*.

*Citadelle*, Paris, Gallimard, 1974, p. 779.

157. Marthe Robin, née à Châteauneuf-de-Galaure (Drôme). Mystique et stigmatisée, initiatrice des « Foyers de charité ».

*Le Journal*, Noël 1930, Foyer de Châteauneuf-de-Galaure.

158. Adrienne von Speyr, née le 20 septembre 1902 à La-Chaux-de-Fonds (Suisse). Médecin, écrivain et mystique. Élevée dans le protestantisme, elle se convertit au catholicisme en 1940. Stigmatisée en 1942. En 1944, elle crée la Communauté Saint-Jean avec le théologien Hans Urs von Balthasar.

*Bei Gott und bei den Menschen – Gebete*, Johannes Verlag, 1992 (trad. *Sur la terre comme au ciel*, Éditions du Serviteur, 1994, p. 48-50) (trad. modifiée).

159. Raoul Follereau, né à Paris. Poète, romancier, dramaturge. Fondateur de l'association Raoul-Follereau au service des lépreux, notamment en Afrique.

*La seule vérité, c'est d'aimer*, Paris, Flammarion, 1966.

160. Joseph Folliet, né à la Croix-Rousse (France). Journaliste, sociologue et prêtre du Prado.

*Le Soleil du soir. Vieillir en beauté*, Paris, Éditions du Centurion, 1972, p. 65.

161. Madeleine Delbrêl, née à Mussidan (Dordogne, France). Convertie au catholicisme à l'âge de 29 ans, assistante sociale en banlieue parisienne. Marquée par la confrontation avec l'athéisme marxiste. Poète et mystique, auteur d'une œuvre spirituelle importante.

*Nous autres gens des rues*, Paris, Seuil, p. 90-92.

162. Karl Rahner, né à Freiburg-im-Breisgau (Allemagne). Jésuite et théologien. Expert au concile de Vatican II, auteur d'une œuvre théologique parmi les plus importantes du XX^e^ siècle.

*Appels au Dieu du silence. 10 méditations de Karl Rahner*, Mulhouse, Salvator, 1966, p. 77-78.

163. François Varillon, né à Lyon (France). Jésuite, philosophe, critique littéraire et célèbre conférencier.

*Prier avec l'Église*, Paris, Bloud & Gay, 1945.

164. Simone Weil, née à Paris. Philosophe, mystique et écrivain, proche du catholicisme.

*Pensées sans ordre concernant l'amour de Dieu*, Paris, Gallimard, 1962, p. 11.

165. Dietrich Bonhoeffer, pasteur et théologien protestant, né à Breslau (Silésie). Connu pour sa lutte contre le nazisme. Auteur de nombreux textes spirituels rédigés en prison, il meurt au camp de concentration de Flossenbürg.

*Dietrich Bonhöeffer Werke*, Munich, Kaiser, 8, s. 204-206.

166. Léopold Sédar Senghor, né à Joal (Sénégal). Écrivain, poète et homme politique. Il fut le premier président du Sénégal et membre de l'Académie française.

*Œuvre poétique*, Paris, Seuil, 1964, « Hosties noires », p. 92-96.

167. Jacques Loew, né à Clermont-Ferrand. Converti à l'âge de 24 ans, prêtre dominicain, docker sur le port de Marseille, fondateur de la mission ouvrière Saints-Pierre-et-Paul et de l'École de la Foi à Fribourg (Suisse).

*Mon Dieu dont je suis sûr*, Paris, Fayard/Mame, p. 175-178.

168. Robert Brasillach, né à Perpignan. Écrivain et journaliste condamné en 1945 pour ses activités de collaboration avec l'Allemagne nazie et fusillé, malgré les pétitions des plus grands intellectuels de l'époque.

Texte in *Les Plus Belles Prières*, Paris, Amiot-Dumont, 1954, p. 166-167 (prière composée le 3 février 1945, deux jours avant l'exécution de l'auteur, à la prison de Fresnes).

169. Sœur Jeanne d'Arc, née en Lorraine. Religieuse dominicaine, bibliste et conférencière.

*Un cœur qui écoute*, Paris, Desclée de Brouwer, 1993, p. 50-52.

170. Patrice de la Tour du Pin, né à Paris. Poète et traducteur de la Bible, auteur et adaptateur de chants liturgiques.

*Une somme de poésie. Le jeu de l'homme devant les autres*, Paris, Gallimard, 1982, p. 252-253.

171. André Frossard, écrivain et essayiste français.

*Le Chemin de la croix*, Paris, Desclée de Brouwer/Robert Laffont, 1986, p. 38, 40.

Prière lue au Colisée de Rome le Vendredi saint 1986, à la treizième station du chemin de croix célébré par Jean-Paul II.

172. Roger Schutz, né à Provence (Suisse). Fondateur et prieur de la communauté de Taizé (France).

*Ce feu qui ne s'éteint jamais*, Ateliers et Presses de Taizé, 1990, p. 30.

173. Thomas Merton, moine trappiste américain, né à Prades (France). Mystique et penseur, soucieux de la question sociale et interreligieuse.

*Les Chemins de la joie*, Paris, Plon, « Éditions d'histoire et d'art », 1961, p. 83.

174. Pierre Emmanuel, né à Gan (Pyrénées-Atlantique, France). De son vrai nom Noël Matthieu, poète et journaliste.

*Jour de colère*, Alger, Charlot, 1945, p. 42.

175. Alexandre Soljenitsyne, né à Kislovodsk (Russie). Romancier et dissident, prisonnier au Goulag, puis exilé aux États-Unis. Il retourne en Russie en 1994. Auteur d'une œuvre littéraire internationalement saluée.

*L'Archipel du Goulag*, Paris, Seuil, 1974, t. II, p. 88.

176. Karol Józef Wojtyła, né à Wadowice, près de Cracovie (Pologne). Élu pape en 1978 sous le nom de Jean-Paul II.

*Poèmes*, trad. Pierre Emmanuel et Constantin Jelenski, Paris, Cerf, 1979, p. 49-50 (prière composée en 1950).

177. *Prières de Jean-Paul II*, Paris, Bayard, 2003, p. 177.

178. Michel Quoist, né au Havre. Prêtre et sociologue, proche des quartiers urbains. Auteur de nombreux ouvrages de spiritualité traduits dans plusieurs langues.

*Jésus-Christ m'a donné rendez-vous*, Paris, Éditions ouvrières, 1972, p. 46-47.

179. Michel Quoist, *ibid.*, p. 124-125.

180. Michel Quoist, *Prières*, Paris, Éditions ouvrières, 1954, p. 77-79.

181. Lucien Deiss, né à Eschbach (Bas-Rhin). Prêtre spiritain en 1945. Liturgiste, auteur et compositeur.

182. Olivier Clément, né dans le Sud de la France, dans un milieu athée, historien et théologien de l'Église orthodoxe.

*Prier*, « Marie priait », Pâques 2005.

183. René Dionnet, in *Les Plus Belles Prières*, Paris, Amiot-Dumont, 1954, p. 140.

184. Abbé Pierre (de son vrai nom Henri Grouès).

*Mon Dieu… Pourquoi ?*, Paris, Plon, 2006 (texte écrit le 4 octobre 2005).

185. Didier Rimaud, né à Carnac (France). Jésuite, traducteur, auteur et compositeur liturgique.

*Les Arbres dans la mer*, Paris, Desclée de Brouwer, 1975, p. 143.

186. France Quéré, Théologienne protestante, écrivain.

*Présence d'une parole*, Paris, Éditions Les Bergers et les mages, 1997, p. 89-90. Prière publiée sous le titre original « Prière de fête ».

187. Christian de Chergé, prieur du monastère trappiste de Tibhirine (Algérie), enlevé et assassiné avec sept de ses frères moines le 21 mai 1996.

188. *Pratique de l'oraison*, Genève, Ad solem, p. 28 et 30.

201. Prière trouvée dans la poche d'un soldat inconnu tombé pendant la Seconde Guerre mondiale.

*Les Nouveaux Martyrs russes*, Montsûrs, Résiac, 1976, p. 344.

206. Hilaire Léonard-Étienne, vicaire à Seraing (Belgique).

*Prières pour ceux qui souffrent*, Centre diocésain de documentation, diocèse de Liège.

207. Gilles Baudry, moine et poète, abbaye bénédictine de Landévennec (France).

Texte in Sylvie Ress et André Stern (dir.), *Soleil de prières*, Paris, Albin Michel, 1989, p. 79.

# Index des noms

# Index thématique

# Table

# Du même auteur

Le Statut contemporain de la philosophie première
*Ouvrage dirigé par Philippe Capelle*
*Beauchesne, 1996*

Philosophie et théologie dans la pensée de Martin Heidegger
*Cerf, 1998 ; rééd. 2001*

Philosophie et apologétique.
Maurice Blondel cent ans après
*Ouvrage dirigé par Philippe Capelle*
*Cerf, 1999*

Subjectivité et transcendance
*Cerf, 1999*

Paroles sur le sable,
*Cerf, 2000*

L'Enseignement des religions à l'école laïque
*avec Dalil Boubakeur, Philippe Joutard, René-Samuel Sirat*
*Salvator, 2003*

Jean Nabert et la question du divin
*Ouvrage dirigé par Philippe Capelle ; postface de Paul Ricœur*
*Cerf, 2003*

Phénoménologie et christianisme chez Michel Henry
*Ouvrage dirigé par Philippe Capelle*
*Cerf, 2004*

Raison philosophique et christianisme à l'aube du III^e^ millénaire
*avec Jean Greisch ; postface de Jean Ladrière*
*Cerf, 2004*

Le Souci du passage
*avec Geneviève Hébert et Marie-Dominique Popelard*
*Cerf, 2004*

Dieu et la raison
*avec François Bousquet*
*Bayard, 2005*

Expérience philosophique et expérience mystique
*Ouvrage dirigé par Philippe Capelle*
*Cerf, 2005*

La Philosophie dans l'Université catholique
*Ouvrage dirigé par Philippe Capelle*
*Éditions de la FIUC, 2005*

Dieu existe-t-il encore ?
*avec André Comte-Sponville*
*Cerf, 2005*

Finitude et mystère,
*Cerf, 2005*

Nomi divini et nomi metafisici
*Naples, Edizione Communicatione Socialis, 2007*

La filosofia como mediacion
*Ouvrage dirigé par Philippe Capelle*
*Mexico, University Iberoamericana Press, 2007*

Fenomenologia francesa actual
*Buenos Aires, Ediciones Jorge Audinos, 2007*

Anthologie
Philosophie et théologie
*Ouvrage en quatre volumes dirigé par Philippe Capelle*
*Cerf, 2008*

*À paraître*

Dieu et la Cité
Le statut contemporain du théologico-politique
*Cerf*

RÉALISATION : NORD COMPO À VILLENEUVE-D'ASCQ
IMPRESSION : NORMANDIE ROTO IMPRESSION S.A.S. À LONRAI
DÉPÔT LÉGAL : AVRIL 2008. N° 95339 (08-1197)
IMPRIMÉ EN FRANCE